Hans Werbik, Gerhard Benetka
Kritik der Neuropsychologie

Diskurse der Psychologie

Hans Werbik, Gerhard Benetka

Kritik der Neuropsychologie

Eine Streitschrift

Psychosozial-Verlag

Bibliografische Information der Deutschen Nationalbibliothek
Die Deutsche Nationalbibliothek verzeichnet diese Publikation in der
Deutschen Nationalbibliografie; detaillierte bibliografische Daten sind
im Internet über http://dnb.d-nb.de abrufbar.

Originalausgabe

Walltorstr. 10, D-35390 Gießen
Fon: 06 41 - 96 99 78 - 18; Fax: 06 41 - 96 99 78 - 19
E-Mail: info@psychosozial-verlag.de
www.psychosozial-verlag.de

Umschlagabbildung: Paul Klee, »Ein Gleichgewicht«, 1923
Umschlaggestaltung und Innenlayout nach Entwürfen von Hanspeter Ludwig, Wetzlar
www.imaginary-world.de
Satz: metiTEC-Software, me-ti GmbH, Berlin
ISBN 978-3-8379-2563-0

Inhalt

Vorwort

Die Neuropsychologie – wie überhaupt die Neurowissenschaften – wird heute überbewertet. Und zwar von Wissenschaftlern ebenso wie von den Medien. Im Folgenden geht es ausschließlich um die Rolle, die neurowissenschaftliche Erkenntnisse in der Psychologie spielen. Unsere Ausgangsthese lautet, dass die Überbewertung der Neurowissenschaften der Psychologie eher schadet als nützt.

Dabei interessieren weniger die Details neurowissenschaftlicher Forschung, sondern die Grundannahmen und grundlegenden Prinzipien, aus denen sie ihre Befunde ableitet. Bezüglich der Kritik der Grundlagen hat die Philosophie wesentliche Vorarbeiten geleistet (Bennett & Hacker, 2012). Beides ist von der philosophischen Kritik betroffen: sowohl die Hervorbringung der Tatsachen als auch deren Interpretation. Uns als Psychologen interessiert vor diesem Hintergrund das Verhältnis zur Psychologie: wie sich also die Neurowissenschaften auf psychologisches Wissen beziehen und umgekehrt, wie sich die Psychologie auf neurowissenschaftliche Forschung bezieht.

Es gibt keine andere wissenschaftliche Disziplin, die sich von den Neurowissenschaften derart faszinieren und beeinflussen hat lassen wie die Psychologie. Das, was früher Allgemeine Psychologie genannt wurde, ist heute weitgehend Kognitions- und Neurowissenschaft.[1] Der Wechsel in der Bezeichnung spiegelt tatsächlich Inhaltliches wider: Psychologische Erklärungen zählen nur, wenn sie durch physiologische gestützt sind. Das ist nicht sachlich, sondern letztlich po-

1 Das Max Planck Institut für Psychologie heißt heute Max Planck Institut für Kognitions- und Neurowissenschaften.

litisch begründet. Am Anfang des Booms der Neurowissenschaften stand eine politische Entscheidung: US-Präsident George H. W. Bush hat 1990, beeinflusst durch Voten wissenschaftlicher Lobbys, die Dekade des Gehirns ausgerufen, was zunächst vor allem bei den Einrichtungen der Forschungsförderung auf Resonanz stieß: Riesensummen wurden frei gemacht, um die Hirnforschung voranzubringen. Zeitlich versetzt hat der deutschsprachige Raum nachgezogen. 2004 hat sich eine Gruppe von Neurowissenschaftlern zu einem Manifest der Hirnforschung entschlossen (Elger et al., 2004): Zehn Jahre später ist nur allzu offensichtlich, dass nichts von den vollmundigen Versprechungen erfüllt werden konnte. So steht im Manifest z. B. zu lesen:

> »Vor allem was die konkreten Anwendungen angeht, stehen uns in den nächsten zehn Jahren enorme Fortschritte ins Haus. Wahrscheinlich werden wir die wichtigsten molekularbiologischen und genetischen Grundlagen neurodegenerativer Erkrankungen wie Alzheimer oder Parkinson verstehen und diese Leiden schneller erkennen, vielleicht von vornherein verhindern oder zumindest wesentlich besser behandeln können.
>
> Ähnliches gilt für einige psychische Krankheiten wie Schizophrenie und Depression. In absehbarer Zeit wird eine neue Generation von Psychopharmaka entwickelt werden, die selektiv und damit hocheffektiv sowie nebenwirkungsarm in bestimmten Hirnregionen an definierten Nervenzellrezeptoren angreift. Dies könnte die Therapie psychischer Störungen revolutionieren – auch wenn von der Entwicklung zum anwendungsfähigen Medikament noch etliche Jahre vergehen werden. […]
>
> In zehn Jahren haben wir wahrscheinlich eine künstliche Netzhaut entwickelt, die nicht im Detail programmiert ist, sondern sich nach den Prinzipien des Nervensystems organisiert und lernt« (ebd., S. 36).

Wenn auch keine dieser Versprechungen eingelöst wurden – bewirkt haben die Neurowissenschaften in diesen letzten zwölf Jahren dann doch einiges: Trotz der mageren Erträge (vgl. Tretter & Kotchoubey, 2014) sind sie zu einer gesellschaftlichen Einflussgröße geworden; mit gutem Recht nennt beispielsweise Stephan Schleim sein kritisches Buch *Die Neurogesellschaft* (Schleim, 2011): Hirnforscher bilden heute Richter, Lehrer, Sozialpädagogen und unter dem Etikett »Neuroökonomie« sogar Banker fort. Bewirkt haben die Hirnwissenschaften aber auch, dass sich die Psychologie grundlegend gewandelt hat: Forschungsanträge bedürfen heute eines neurowissenschaftlichen Bezugs – unabhängig davon, ob dies sachlich zu begründen ist.

Die Psychologie droht ihrer Identität als Einzelwissenschaft verlustig zu gehen: Es ist heute ganz selbstverständlich, dass Neurophysiologen Experimente zu psychologischen Fragestellungen machen. Der Preis, den die Psychologie zu zahlen hat, ist denkbar hoch: Psychologen werden in der Forschung davon abgehalten, sich mit psychologischen Problemen zu beschäftigen; stattdessen zwingt sie die Komplexität der apparativen Versuchsanordnungen zur Beschäftigung mit Technik-Fragen. Was also in interdisziplinären Forschungsprojekten gebraucht wird, ist nicht psychologisches Grundlagenwissen, sondern technisches Know-how. Kein Wunder, dass das theoretische Niveau der psychologischen Fragestellungen und Erklärungsweisen sinkt: Wissenschaftliche Psychologie wird durch Ansichten des ›gesunden Menschenverstands‹ ersetzt. Was dabei unberücksichtigt bleibt, ist der Umstand, dass das alltagspsychologische Verständnis von Vorurteilen und Aberglauben durchdrungen ist (Mausfeld, 2010). Man ist versucht, mit einer aus Robert Walsers Roman *Der Gehülfe* (Walser, 1985 [1908], S. 274) entlehnten Wortschöpfung von einer »Verwirtshäuselung« der Psychologie zu sprechen.

Warum eine Streitschrift? Es geht darum, die Fallgruben der neurowissenschaftlichen Forschungstätigkeit aufzuzeigen und die Neurowissenschaften auf ein realistisches Maß zurechtzustutzen. Wir wollen die Neurowissenschaft innerhalb der Psychologie nicht abschaffen. Das wäre auch gar nicht möglich, weil die Hirnforschung in der Psychologie auf den universitären Planstellen gut aufgestellt ist. Ziel der Kritik ist es also, der Verelendung der Psychologie infolge ihrer sturen Orientierung an neurobiologischen Vorgängen entgegenzuwirken: Zum einem, indem wir die Probleme benennen, zum anderen aber auch, indem wir am Schluss unserer Darstellung genuin psychologische Alternativen entwerfen. Eben darin soll der Wert unserer Arbeit liegen: dass aus der Kritik eine Neuorientierung sichtbar wird.

In der nachstehenden Abhandlung werden kritische Argumente aus philosophischer, wissenschaftstheoretischer, psychologischer und gesellschaftspolitischer Perspektive miteinander verknüpft. Am Beginn geht es um die Frage, wann und wie ›hirnwissenschaftliches‹ Denken in die akademische Psychologie Eingang gefunden hat. Im Anschluss daran werden unterschiedliche Auflösungsversuche des sogenannten Leib-Seele-Problems diskutiert. Daraufhin folgt der Übergang zur einer methodischen Kritik: zunächst der erkenntnistheoretischen

Grundlagen, dann der in den Neurowissenschaften eingesetzten Forschungsmethoden. Expliziert wird die philosophische, wissenschaftstheoretische und psychologische Kritik am Beispiel der Debatte über Willensfreiheit. Dem Phänomen, dass Neurowissenschaftler sich für Psychoanalyse und Psychoanalytiker für die Neurowissenschaften interessieren, ist ein eigenes Kapitel gewidmet, in dem vor allem auf logische und methodische Missverständnisse hingewiesen wird. Der wissenschaftliche Erfolg der Neurowissenschaften verdankt sich zu einem großen Teil ihrer öffentlichen Selbstdarstellung in den Medien – ein Zusammenhang, der zum Abschluss der kritischen Auseinandersetzung untersucht wird. Das Besondere unserer Streitschrift liegt darin, dass die Kritik an der Naturalisierung psychischer Zustände und Vorgänge schließlich auch konstruktiv gewendet wird: nämlich zu einer allgemeinverständlichen Einführung in eine kulturwissenschaftliche Psychologie.

Danksagungen

Einige Kollegen und Kolleginnen haben das Manuskript der Streitschrift in den verschiedenen Stadien ihrer Entstehung gelesen und kritisch kommentiert: Stefana Holocher-Ertl und Anna Schor-Tschudnowskaja, dann Giselher Guttmann, Jens Kertscher, Jürgen Straub und Jaan Valsiner. Ihnen allen herzlichen Dank!

Dank auch an Ansgar Beckermann, der uns den Abdruck von Auszügen aus seiner Arbeit über Willensfreiheit gestattet hat; und an Heinz Laubreuter, Kanzler der Sigmund Freud Privatuniversität, der die Zusammenarbeit der beiden Autoren finanziell unterstützte.

Kapitel 1

Zum Erkenntnisinteresse der Neurowissenschaften

Die Geschichte der Naturwissenschaft ist die Geschichte der fortschreitenden Beherrschung der Natur. Naturbeherrschung bedeutet, dass immer größere Bereiche der Natur verfügbar gemacht werden – und zwar verfügbar für bestimmte Zwecke. In einer auf Wettbewerb und Konkurrenz basierenden Wirtschaftsordnung geht es um Wettbewerbsvorteile, letztlich um die Maximierung von Profiten. Längst ist auch der Mensch selbst dieser Bewegung unterworfen. Die biomedizinische Forschung, die Gentechnologie im Besonderen, erweitert diesen ›verfügenden‹ Zugriff auf den menschlichen Körper; die Reproduktionsmedizin greift in die Entstehung ›gesunden Lebens‹ ein. Sie garantiert eine anpassungsfähige Nachkommenschaft. Michel Foucault hat für die Regulierung der Gesundheit der Bevölkerung den Begriff der Biopolitik geprägt (vgl. Gehring, 2006). Natürliche Prozesse werden unter Kontrolle gebracht – Leben, Fortpflanzung, die ganze Sorge um sich und das eigene Wohlbefinden, von der sportlichen Aktivität bis hin zu gesunden Wohnverhältnissen, ja selbst das Sterben wird zum Gegenstand von Machttechnologien. Der Aufstieg der Neurowissenschaften bedeutet die Ausdehnung des instrumentellen Zugriffs, indem nun auch die Seele durch die Beforschung des Gehirns diesem Kalkül der Verfügbarkeit unterworfen wird (vgl. etwa Han, 2014). Voraussetzung dafür ist, dass Psychisches naturalisiert wird, d. h. dass man psychische Vorgänge – Liebe, Eifersucht, Empathie usw. – als bloße Naturvorgänge betrachtet, als Vorgänge, die, wenn sie losgelöst werden aus ihrem kulturellen Zusammenhang, ohne Sinn und Bedeutung sind. Es ist wichtig zu sehen, dass in dieser Reduktion des Psychischen auf Hirnvorgänge eines vor allem eliminiert wird: die Bedingung der

Möglichkeit der Freiheit des Subjekts. Eine Gegenbewegung tut not: Die Geschichte der Psychologie ist nicht bloß Herrschaftsgeschichte. Immer wieder hat es auch Ansätze gegeben, in denen die Emanzipation des Menschen von Machtstrukturen intendiert war. Auch wenn das niemals vollständig gelingen mag, so kann die Reflexion und Kritik von Macht zu Mündigkeit und Selbstbestimmung beitragen. Psychologische Ansätze zeigen dies eindrucksvoll: von Kurt Lewins frühen Arbeiten zur Entwicklungspsychologie bis hin zu Holzkamps Kritischer Psychologie. Was uns als Alternative vorschwebt, ist eine Psychologie auf Basis einer Kultur des mitmenschlichen Umgangs, wie sie sich in Aristoteles Unterscheidung von »poiesis« und »praxis« andeutet[2] – und wie sie auch in der gegenwärtigen Philosophie – z. B. in der Differenzierung von instrumentellem und kommunikativem Handeln – immer noch wirksam ist (Habermas, 1981).

Unsere Streitschrift wird zeigen, dass wir uns vor den totalitären Ansprüchen der Hirnforschung nicht zu fürchten brauchen: Es ist nur allzu offenkundig, dass die Neurowissenschaften in vielen ihrer Unternehmungen eben das völlig verfehlen, was zu kontrollieren und zu beherrschen sie beanspruchen. Viele Behauptungen erweisen sich bloß als Glaubenssätze. Eine in erheblichem Maße auf Glauben und Hoffen basierte Wissenschaft verkommt nur allzu leicht zu Ideologie.

Von den öffentlichen Auftritten der Neurowissenschaftler darf man sich nicht täuschen lassen: Was sich als Art Leitwissenschaft für alle Wissenschaften vom Menschen ausgibt – und das unter dem ständigen Hinweis auf die »naturwissenschaftliche Exaktheit« des eigenen Programms – erweist sich nur allzu oft als handwerklich denkbar schlampig ausgeführte Textkonstruktion:

> »Ein Paradebeispiel sind die immer wieder von Gerhard Roth [...] vorgebrachten Fälle. Er behauptet, elektrische Gehirnstimulation könne zu Täuschungen über eigene Willenshandlungen führen: Obwohl Versuchspersonen durch einen äußeren Eingriff in ihr Gehirn zu einer Handlung veranlasst würden, gäben sie auf Nachfrage irrtümlich an, sie selbst hätten diese Handlungen gewollt [Roth, 2004a, S. 75; 2004b, S. 84 u. 2006, S. 10]. Die beiden Beispiele von Bewegungen durch elektrische Stimulation im motorischen Kortex, die ich [Stephan Schleim. Anm.

2 »Poiesis« bedeutet in der Aristotelischen Tradition die Herstellung z. B. von Produkten im Zusammenhang mit Arbeit; »praxis« hingegen bedeutet das zweckfreie Interagieren von Menschen.

> d. Verf.] in der Literatur finden konnte, kamen jedoch gerade zum gegenteiligen Ergebnis [Delgado, 1971, S. 114; Penfield, 1958, S. 39]. Das heißt, die Versuchspersonen haben die Bewegungen gerade *nicht* als gewollt erlebt. Eine Person sagte ausdrücklich: ›Herr Doktor, ich schätze, dass Ihre Elektrizität stärker ist als mein Wille.‹ [Delgado, 1971, S. 141] Eine andere sagte: ›Ich habe das nicht gemacht. Sie waren das‹ [Penfield, 1975, S.77; zit. n. Wegner, 2002, S. 45]. Das bestätigt selbst die Quelle, die Roth immer wieder für seine gegenteilige Behauptung anführt« (Schleim, 2011, S. 6).

Es gilt also, achtsam zu sein: Nicht immer sind die mit großer Emphase vorgetragenen ›Befunde‹ zuverlässig. Was sich bei strenger wissenschaftlicher Nachprüfung als nicht haltbar erweist, kann aber – entsprechende ›Promotion‹ vorausgesetzt – als Ideologie doch auch gesellschaftliche Wirkung erzeugen. So zeigt die Geschichte des Rassismus, dass gerade auch wissenschaftsnahe bzw. pseudowissenschaftliche Aussagensysteme gefährliche Konsequenzen entfalten können. Principiis obsta!

Kapitel 2

Der Traum vom objektiven Blick ins Erleben

Der Traum, über den ›Umweg‹ physiologischer Vorgänge einen Zugang zum Erleben zu gewinnen, ist, wie die Geschichte der Psychologie zeigt, alt; seine Anfänge reichen bis in das ausgehende 19. Jahrhundert zurück. Die Psychologie ist mit einem methodischen Problem behaftet zur Welt gekommen: Was die Wissenschaft über die Welt weiß, weiß sie über die Beobachtung. Im Falle der Wissenschaft vom Erleben kann die für die Wissenschaft im 19. Jahrhundert selbstverständliche Voraussetzung, dass der Akt der Beobachtung das beobachtete Ereignis nicht tangiert, nicht verändert, nicht aufrecht erhalten werden. Die Introspektion steht als wissenschaftliche Methode nicht ohne weiteres zur Verfügung. Daraus entsteht das Bemühen, innere Vorgänge, ›seelische‹, psychische, mentale Prozesse, zu ›objektivieren‹. Man kann die ganze Geschichte der Psychologie als fortgesetztes Suchen nach einem adäquaten Umgang mit dem Introspektionsproblem interpretieren. Dabei ergeben sich recht zwanglos große Grundrichtungen, ›Paradigmen‹ psychologischer Erkenntnisbemühungen: von der behavioristischen Psychologie bis zur modernen Kulturpsychologie. Ein sich von ihren Anfängen bis in die unmittelbare Gegenwart durchziehender Ansatz, eine dieser Grundrichtungen, geht eben auf die Arbeiten des genialen Exzentrikers Gustav Theodor Fechner (1848, 1851 & 1860) zurück.

Was in der Rezeption von Fechners experimentellen Forschungen zur Psychophysik oft übersehen wird, ist der Ausgangspunkt ihrer Entwicklung in der romantischen Naturphilosophie: Fechner war Panpsychist. Das heißt er glaubte daran, dass alles was dinglich, körperlich, existiert – außer den Menschen auch Tiere, Pflanzen, aber damit nicht genug: auch dieses Buch, vor dem Sie gerade sitzen – auch ›seelisch‹ existiert. Das ist allerdings eine sehr seltsame Idee. Sie klingt aber sogleich weit weniger esoterisch, wenn man sich besieht, welche Folgerungen Fechner aus ihr ableitete. Psychisches und Physisches sind für ihn bloß zwei Weisen, in denen ein und dasselbe Grundwesen erscheinen kann. Alles, was existiert, hat eine Innen- und eine Außenseite. Die Innenseite ist das, was nur sich selbst erscheint, die Außenseite das, was anderen erscheint, also von anderen, von außen, aufgefasst werden kann. Auf das Leib-Seele-Problem hin formuliert: Ein und dasselbe Wesen erscheint sich selbst als ›Geist‹ und zugleich anderen als ›Leib‹, oder besser: als ›Körper‹. Man stelle sich eine Versuchsperson in Hans Bergers (1929) EEG-Labor vor. Sie befindet sich in einem Zustand entspannter Wachheit. Wie sie sich dabei fühlt, ist nur der Versuchsperson, eben dem Erlebenden selbst, zugänglich. Für Berger und damit für andere zugänglich sind die Gehirnströme, die das Erleben der Versuchsperson begleiten (Benetka & Guttmann, 2006).

Fechners Grundidee ist eine interessante Variante des psychophysischen Parallelismus: Er nimmt einfach an, wenn sich an der Außenansicht des Existierenden etwas ändert, so wird sich mit dieser Änderung auch an der Innenseite, im Psychischen, etwas ändern. Wichtig ist, dass Fechner diesen Zusammenhang von innen und außen nicht kausal auffasst sondern als funktionale Beziehung. Stellen wir uns vor, wir hätten die psychischen und physischen Vorgänge auf einer Zeitachse aufgetragen, so kann man sehen, dass über die Zeit hinweg eine Korrelation sich zeigt, die jedoch – wie das Psychologie-Studierende gleich zu Beginn im Rahmen der deskriptiven Statistik lernen – nicht kausal interpretierbar ist. Wie ausführlich noch zu demonstrieren sein wird, ist diese Einsicht im Zuge der Herausbildung der modernen Neuropsychologie bei vielen Autoren offenbar verloren gegangen.

Auf dem Weg zur Ausformulierung der theoretischen Grundlagen dieser modernen neuropsychologischen Forschung ist dann vor allem Ernst Machs Auseinandersetzung mit der Fechner'schen Psychophysik von Bedeutung. Für Mach ist Fechners Setzung eines Wesens, das sich selbst und anderen erscheinen soll, Metaphysik, d.h. eine aus der Wissenschaftssprache zu eliminierende Spekulation. Das, was wir ›Welt‹ nennen, kann sich auf nichts anderes beziehen als auf die Realität unseres Bewusstseins, auf Bewusstseinstatsachen. Der Unterschied zwischen Physischem und Psychischem ergibt sich somit nicht mehr daraus, ob etwas nur dem wahrnehmenden Subjekt oder auch Anderen gegeben ist, also aus der Beziehung zum wahrnehmenden Subjekt, sondern daraus, in welcher Art von Verbindung eine je gegebene Bewusstseinstatsache, ein Element, wie Mach sagt, mit anderen Bewusstseinselementen aufgefasst wird. Ob ein Element als psychische Eigenschaft oder als physische Eigenschaft zu betrachten ist, hängt einzig und allein von seiner Beziehung zu anderen Elementen ab: Eine Farbe z. B. ist eine physische Eigenschaft, wenn wir auf ihre Abhängigkeit von der beleuchtenden Lichtquelle achten; sie ist eine psychische Eigenschaft, wenn wir ihre Beziehung zur Netzhaut thematisieren. Nicht der Stoff, sagt Mach, sondern die Untersuchungsrichtung ist in beiden Gebieten – in Physik und Psychologie – verschieden (Mach, 1886).

Es ist eine Ironie der Geschichte, dass es ausgerechnet Schüler von Wilhelm Wundt waren, die den Mach'schen Empiriokritizismus für die Belange der jungen Wissenschaft Psychologie rezipierten – und dabei umformulierten: Hugo Münsterberg und dann vor allem der junge Oswald Külpe. In Külpes Lehrbuch *Grundriss der Psychologie* aus dem Jahr 1893 heißt es gleich zu Beginn (Külpe, 1893, S.3): »Psychologie ist die Wissenschaft von den Erlebnissen in ihrer Abhängigkeit vom *körperlichen* Individuum«. Mit diesem Satz allein ist das Programm der positivistischen Psychologie der Generation nach Wundt auf den Punkt gebracht: dass nämlich psychische Vorgänge in ihrer Abhängigkeit, in ihrer Beziehung zu physiologischen Prozessen wissenschaftlich zu untersuchen sind. Der Grundgedanke dabei ist, dass psychische Vorgänge uns nicht als in sich geschlossene Kette von kausalen Abhängigkeiten vorliegen. Man denke nur daran, dass es kaum möglich ist, einen Einfall, eine Idee, die man plötzlich hat, als Resultat einer kausalen Abfolge von psychischen Einzelereignissen zu beschreiben! Im Bereich der physiologischen Vorgänge könnte eine solche kausale Verknüpfung von Einzelereignissen zur Erklärung des Endresultats eines Vorgangs durchaus möglich sein. Wie wäre es also, wenn wir die Lücken im Ablauf unseres psychischen Erlebens über den Umweg physiologischer Erklärungen aufzufüllen versuchten?

Die theoretischen Grundlagen für diesen Ansatz einer wissenschaftlichen Psychologie sind gegen Ende des 19. Jahrhunderts von Georg Elias Müller in Form von fünf psychophysischen Axiomen klar und präzise formuliert worden. Die ersten beiden dieser fünf Axiome, die einfachsten und für unseren Zusammenhang wichtigsten, lauten:

»1. Jedem Zustande des Bewusstseins liegt ein materieller Vorgang, ein so genannter psychophysischer Prozess, zu Grunde, an dessen Stattfinden das Vorhandensein des Bewusstseinszustandes geknüpft ist.

2. Einer Gleichheit, Ähnlichkeit, Verschiedenheit der Beschaffenheit der Empfindungen […] entspricht eine Gleichheit, Ähnlichkeit, Verschiedenheit der Beschaffenheit der psychophysischen Prozesse, und umgekehrt« (Müller, 1896, S. 1–2).

Nur am Rande sei hier angemerkt, dass das natürlich nicht mehr die Mach'sche Position ist. Psychophysiologische Prozesse – das sind jene hirnphysiologischen Prozesse, die unserem psychischen Erleben zugrunde liegen sollen – werden, wie schon zuvor eigentlich bei Külpe, auch bei Müller nicht als Bewusstseinstatsachen, sondern als ›reale‹ physikalische Vorgänge aufgefasst – ein Verständnis, das Mach selbst als metaphysisch bezeichnet hätte.

Wie auch immer: Zu beachten ist, dass Müllers Axiome apriorische Setzungen sind, die für sich betrachtet einer empirischen Überprüfung nicht zugänglich sind. Die Beurteilung ihrer Relevanz ist also eine Frage der philosophischen Reflexion. In der frühen Geschichte der Psychologie, als die Psychologie noch ein Teil der Philosophie war, mag dieser Umstand von vielen noch eingesehen worden sein. Mit der Zeit, mit der fortschreitenden Emanzipation von der Philosophie, hat die Psychologie jedoch mehr und mehr an philosophischer Besinnung verloren. Fragestellungen und Zugangsweisen bleiben sich vielfach gleich, die Denkwerkzeuge indes haben sich geändert. Bisweilen bestehen diese Änderungen allerdings in nichts anderem, als dass das Fach gewisser Denkwerkzeuge verlustig gegangen ist. Die Kernthese des vorliegenden Buches lautet, dass es der neuropsychologischen Forschung eben daran mangelt: an philosophischer Besinnung, an kritisch-philosophischer Vernunft. Und damit auch an historischem Bewusstsein: Der Rückblick auf die Anfänge der Geschichte der Psychologie im 19. Jahrhundert zeigt, um mit Heraklit zu sprechen, dass es offenbar nichts Neues gibt unter der Sonne der Psychologie, dass vielfach alter Wein einfach in neue Schläuche gefüllt wird – ob allerdings diese Schläuche den Wein besser reifen lassen, eben das sei dahin gestellt. Das vorliegende Buch will aber darüber hinaus eben dieses explizit behaupten: dass das Programm der modernen Neurowissenschaften eigentlich unerfüllbar bleiben muss. Oder um mit den Verfassern des Manifests von 2004 zu sprechen: dass die Hirnforschung aus sich selbst heraus offenbar nicht klar zu unterscheiden vermag, »was sie sagen kann und was außerhalb ihres Zuständigkeitsbereichs liegt« (Elger et al., 2004, S. 37).

Kapitel 3

Leib-Seele-Problem[3]

Was oft in der Interpretation der Ergebnisse von Experimenten übersehen wird, ist, dass vor der Planung und Durchführung wissenschaftlicher Untersuchungen – meist implizit bleibende – Vorentscheidungen getroffen werden. Solche Vorentscheidungen ermöglichen insbesondere die Umsetzung von Theorien und Theorieteilen in empirische Untersuchungen. Sie können, müssen aber nicht unbedingt philosophische Fragestellungen berühren. In dem hier interessierenden Kontext handelt es sich allerdings auch um *philosophische* Grundannahmen, und zwar um verschiedene Annahmen zum sogenannten Leib-Seele-Problem. Um den aktuellen Diskussionen um die Relevanz der Ergebnisse neuropsychologischer Forschungen folgen zu können, ist also auch ein gewisses Grundwissen über verschiedene philosophische Positionen erforderlich. Insbesondere ist die Berechtigung von Folgerungen, die aus empirischen Untersuchungen gezogen werden – im Falle der Neuropsychologie sind solche Folgerungen, wie zu zeigen sein wird, allerdings sehr weitreichend –, letztlich nur philosophisch zu analysieren. So werden z. B. zum Problem der Willensfreiheit von Forschern, die in Bezug auf das Leib-Seele-Problem eine materialistische Position einnehmen, entsprechend dieser Position Experimente geplant, durchgeführt und interpretiert. Die empirischen Ergebnisse dieser Untersuchungen können dann natürlich

---

3 Im Deutschen meint der Leib im Eigentlichen den beseelten Körper. Richtiger wäre es daher, von einem Geist-Körper-Problem zu sprechen: wie z. B. Plessner, der zwischen »ein Leib sein« und »einen Körper haben« unterscheidet (vgl. ausführlich Wasicky, 2012). Im philosophischen Sprachgebrauch hat sich allerdings die alte Form noch weitgehend erhalten.

nicht über die Frage der Angemessenheit der philosophischen Grundannahmen entscheiden. Weil aber diese Grundannahmen nur sehr selten expliziert werden, ist es schwierig, den Gültigkeitsanspruch sowohl von Theorien als auch von experimentellen Ergebnissen zu beurteilen.

Im Folgenden wird also eine Übersicht über philosophische Standpunkte zum Leib-Seele-Problem gegeben. Alle zu besprechenden Ansätze sind nicht zwingend; das bedeutet, dass jeder Position Schwächen inhärent sind, sodass Forscher gezwungen sind, sich zu entscheiden, welche Nachteile sie eher in Kauf zu nehmen bereit sind.

Die Bezeichnung Leib-Seele-Problem wurde in den gegenwärtigen philosophischen Auseinandersetzungen durch Körper-Geist-Problem ersetzt. Der Begriff Seele ist in der Wissenschaftssprache bereits ab der zweiten Hälfte des 19. Jahrhunderts fallengelassen worden. Entscheidend dafür war die Durchsetzung einer physikalistischen Biologie, die zeigen konnte, dass man Vorgänge im Bereich der belebten Natur mit den Mitteln der Physik und Chemie, d.h. ohne Rückgriff auf die Kategorie Seele erklären kann (vgl. Benetka, 2002). Der Begriff Leib ist problematisch geworden, als sich in der Philosophie die Bedeutung von Leib als erlebter, d.h. vom Subjekt erfahrener eigener Körper allgemein durchgesetzt hat. Das Leib-Seele-Problem thematisiert aber gerade nicht den Zusammenhang zwischen leiblichen Erfahrungen und anderen psychischen Vorgängen, sondern fasst das Körperliche so, wie es durch die Naturwissenschaften erklärt wird: Die Beschreibung körperlicher Vorgänge z.B. durch die Medizin ist etwas anderes als die Beschreibung leiblicher Vorgänge.

Das Leib-Seele-Problem kann als Konflikt zwischen drei Annahmen expliziert werden (Bieri, 1981, S. 5–8; Hasted, 1988, S. 10):

»A1 Der Leib ist physisch-materiell und die Seele ist nicht physisch-materiell.
A2 Die Seele hat auf den Leib eine kausale Wirksamkeit.
A3 Der Bereich des Physisch-Materiellen ist kausal geschlossen«.

Die erste Annahme ist die These jedes ontologischen Dualismus. Die zweite Annahme besagt, dass es psychische Verursachung gibt: Diese

> »wird erst dann problematisch, wenn wir Satz (A3) betrachten. Der Gedanke, dass die physische Welt in sich kausal geschlossen ist, entsteht mit der Entwicklung der modernen Physik im 17. Jahrhundert. Es ist der Gedanke, dass jedes physische Phänomen durch andere physische Phänomene verursacht wird: dass

wir den Bereich physischer Phänomene nicht verlassen müssen, wenn wir nach einer Kausalerklärung für ein physisches Phänomen suchen. Diesen Gedanken kann man auch als ein regulatives Prinzip empirischer Forschung formulieren: Ein physisches Phänomen gilt erst dann als erklärt, wenn wir eine physische Ursache dafür gefunden haben. Dieses Prinzip kann man methodologischen Physikalismus nennen. Es ist ein konservatives Prinzip, das in Konflikt mit der Annahme mentaler Verursachung gerät, die uns doch so natürlich erscheint. Denn wenn wir den methodologischen Physikalismus auf Verhalten und auf alle körperlichen Phänomene anwenden, so können diese Phänomene erst dann als erklärt gelten, wenn wir physische (physiologische) Ursachen für sie gefunden haben. Und wenn wir sie gefunden haben, dann gibt es eine vollständig physikalistische Erklärung für unser Verhalten und für alle Phänomene in unserem Körper, und dann können wir unseren mentalen Zuständen und Ereignissen keine kausale Rolle mehr zuschreiben. Sie scheinen nun kausal überflüssig zu sein. Und doch wollen wir daran festhalten, dass es mentale Verursachung gibt. Wie ist das möglich?

Der Konflikt zwischen unseren drei Sätzen ist jetzt sichtbar. Zwei von ihnen implizieren jeweils die Falschheit des dritten: Wenn mentale Phänomene nicht physische Phänomene sind und wenn es mentale Verursachung gibt, dann kann der Bereich physischer Phänomene nicht kausal geschlossen sein. Wenn er jedoch kausal geschlossen ist und wenn mentale Phänomene nicht-physische Phänomene sind, dann kann es allem Anschein zum Trotz keine mentale Verursachung geben. Und wenn es sie trotz der kausalen Geschlossenheit der physischen Welt gibt, dann kann es nicht sein, dass mentale Phänomene nicht-physische Phänomene sind. Dieses Problem kann nicht gelöst werden, da es keine Möglichkeit gibt, die drei Sätze miteinander in Übereinstimmung zu bringen. Das Problem muss aufgelöst werden. Es aufzulösen heißt, einen der drei Sätze aufzugeben« (Bieri 1981, S. 6–7).

Die traditionellen Vorschläge für die Auflösung des Leib-Seele-Problems ergeben sich angesichts der Widersprüchlichkeit der drei Annahmen durch entsprechende Modifikation oder des Fallenlassens einer oder mehrerer der drei Ausgangsbehauptungen. Sie können in Anlehnung an Bieri (1981) in Form der folgenden Typologie geordnet werden:

(1) Dualistischer Interaktionismus

Der dualistische Interaktionismus geht vom fundamentalen Unterschied zwischen Leib und Seele aus, erkennt die kausale Interaktion zwischen beiden an, gibt aber die Annahme der kausalen Geschlossenheit der physischen Welt auf. Der dualistische Interaktionismus ist die Position von Descartes.

Kommentar: Das Problem besteht in der Auftrennung des engen Zusammenhangs zwischen Körper und Geist. Der Nachteil der Descartes'schen Lehre ist, dass der Mensch als aus zwei Substanzen zusammengesetzt gedacht wird: aus der res extensa (Körper) und der res cogitans (Geist). Der Körper wird bei Descartes als rein mechanische Maschine begriffen. Tatsächlich kann sich der Materialismus auf Descartes berufen, indem er die res cogitans einfach wegstreicht (vgl. Knaup, 2012).

Gegen den dualistischen Interaktionismus wird aber vor allem der Widerspruch zum Satz der Erhaltung der Energie vorgebracht: Wenn in einem System die Energiebilanz stets konstant bleiben soll, dann können psychische Vorgänge zu physischen Vorgängen nichts hinzufügen; es sei denn, das Psychische ist selbst nichts anderes als Physisches und stellt sich als eine bloße Umformung von Energie dar. Damit verliert allerdings die Unterscheidung zwischen Psychischem und Physischem ihren Sinn.

(2) Dualistischer Parallelismus

Der dualistische Parallelismus geht vom fundamentalen Unterschied zwischen Leib und Seele aus, gibt aber die Annahme der kausalen Interaktion von Leib und Seele auf, um statt dessen an der kausalen Geschlossenheit des Physisch-Materiellen festhalten zu können.

Der psychophysische Parallelismus wurde von Leibniz vertreten. Leibniz gebrauchte, um die Beziehung zwischen dem Bereich des Mentalen und dem Bereich des Physischen zu beschreiben, das Bild zweier synchronisierter, aber untereinander nicht verbundener Uhren. Diese Analogie enthält zwei Thesen. Erstens soll gelten, dass sowohl innerhalb des Bereichs mentaler als auch innerhalb des Bereichs physischer Phänomene kausale Beziehungen bestehen. Zweitens gibt es zwischen mentalen und physischen Phänomenen keine kausalen Beziehungen, so wie es zwischen den Zuständen der beiden Uhren keine kausalen Beziehungen gibt. Die beiden Uhren sind synchronisiert, sodass der *Schein* entstehen kann, als seien ihre jeweiligen Zustände kausal miteinander verbunden. Entsprechend gibt es *Korrelationen* zwischen mentalen und physischen Phänomenen, die den Schein entstehen lassen, als bestünden kausale Beziehungen. Aber diese Korrelationen sind, wie im Fall der Uhren, *nur* Korrelationen oder nur *zufällige* Korrelationen.

Das Bild zweier synchronisierter Uhren konkretisiert Leibniz in Form der Behauptung, dass aufgrund einer von Gott geschaffenen Ordnung körperliche und seelische Prozesse stets parallel in »prästabilierter Harmonie« verlaufen. Aufgrund der prästabilierten Harmonie entstehe der Eindruck, dass Seele und Körper aufeinander einwirkten, während in Wirklichkeit jedes von beiden unabhängig vom anderen Teil seinen eigenen inneren Gesetzen folge.

Kommentar: Im Grunde ist der sogenannte psychophysische Parallelismus, wie er in der klassischen Begründungsphase der physikalistischen Biologie in der zweiten Hälfte des 19. Jahrhunderts hauptsächlich vertreten wurde, eine Spielart des dualistischen Parallelismus. In der Psychologie ist diese Position insbesondere von Wilhelm Wundt behauptet worden: Psychische und physische Vorgänge sind beide kausal determiniert, wenn auch in je verschiedener Art und Weise. Kausalität in der Physik bedeutet, dass aus bekannten Ausgangsbedingungen eines Systems zum Zeitpunkt t1 notwendig auf den Zustand des Systems zum Zeitpunkt t2 geschlossen werden kann. Im Gegensatz dazu muss die Kausalitätsbetrachtung in der Psychologie eine regressive sein: Dass das Psychische etwas Schöpferisches ist – das heißt, dass psychische Vorgänge in unvorhersagbarer Weise andere psychische Vorgänge hervorbringen können –, bedeutet nicht, dass sie in ihrer Entstehung nicht als kausal miteinander verbunden rekonstruiert werden können. Wundt spricht in diesem Zusammenhang vom Prinzip der »schöpferischen Synthese« und von »psychischer Kausalität«.

(3) Epiphänomenalismus

Der Epiphänomenalismus geht von der Annahme der kausalen Geschlossenheit der physisch-materiellen Welt aus und verwirft die erste Annahme. Seelische Vorgänge und Zustände sind bloße Epiphänomene physisch-materieller Vorgänge und Zustände. Die zweite Annahme wird so abgewandelt, dass es nur eine einseitige kausale Wirksamkeit körperlicher Prozesse auf seelische Prozesse gibt. Der Leib beeinflusst die Seele, aber nicht umgekehrt. Seelische Vorgänge und Zustände sind, um ein Bild von Huxley zu gebrauchen, für Verhalten genauso irrelevant wie der Rauch aus dem Schornstein einer Fabrik für das Geschehen in der Fabrik oder wie das Pfeifen einer Lokomotive für das Fahren des Zugs. Wenn es uns scheint, dass sie kausal relevant sind, dann deshalb, weil wir die wahren (physischen) Ursachen unseres Verhaltens noch nicht gefunden haben.

Kommentar: Der Epiphänomenalismus kann leicht widerlegt werden: Wenn der Epiphänomenalismus wahr wäre, dann wäre es unmöglich, unser Handeln aufgrund von Argumenten zu ändern. Da eben das allerdings konsensfähige Erfahrung ist, muss der Epiphänomenalismus falsch sein.

(4) Aspektdualismus

Der Aspektdualismus gibt die Annahme A2, die eine kausale Wirkung der Seele auf den Leib behauptet, auf und modifiziert die Annahme A1: Leib und Seele sind beide gleichermaßen Aspekte der Wirklichkeit. Während der Aspektdualismus die dualistische Aspekthaftigkeit betont, stellt der argumentativ ähnlich vorgehende neutrale Monismus die eine Wirklichkeit in den Vordergrund, die weder als leiblich noch als seelisch angesehen wird. Eine aspektdualistische Position ist die Identitätstheorie von Spinoza. Es gebe nur eine Substanz (Natur = Gott), die in zwei verschiedenen Weisen erscheint, als seelische oder körperliche Prozesse. Seele und Körper sind *una eademque res sed duobus modis expressa*.

Kommentar: In der Psychologie wurde eine der Auffassungen von Spinoza verwandte Position von Gustav Theodor Fechner vertreten. Für Fechner existiert alles, was existiert, in zweierlei Art und Weise: für sich als Seele, für andere als Leib. Das gilt für alle Naturerscheinungen, sogar für die sogenannte unbelebte Natur. Den Zusammenhang zwischen Physischem und Psychischem fasst Fechner explizit nicht als kausal, sondern als funktional auf: Wenn sich an der Innenansicht etwas ändert, ändert sich gleichzeitig damit auch etwas an der Außenansicht und umgekehrt.

(5) Spiritualismus (Panpsychismus)

Der Spiritualismus weist die Annahmen A1 und A2 zurück und behauptet als monistische Position, dass auch die Körperwelt letztlich nicht als physisch-materiell, sondern als seelisch anzusehen ist. Die Annahme A3 bleibt ohne Anwendung, da es den physischen Bereich in Wirklichkeit gar nicht gibt.

Kommentar: Ein Beispiel für den Spiritualismus ist der mentale Monismus von Bishop George Berkeley: Die Grundprinzipien seines Ansatzes lassen sich als Formel wie folgt festmachen: Das Sein ist etwas, was wahrgenommen wird und oder wahrnimmt (Esse est percipi et percipere).

(6) Materialismus

Der Materialismus geht von der Annahme A3 (kausale Geschlossenheit der physisch-materiellen Welt) aus und leugnet dann die Annahmen A1 und A2: In

Wirklichkeit ist auch die Seele physisch-materieller Art und kann keine eigenständige kausale Wirksamkeit entfalten.

Kommentar: Der Materialismus anerkennt, erstens, nur das als Wirklichkeit, was mit den Sinnen oder mit Messgeräten festgestellt werden kann. Das aber widerspricht der Innenperspektive, in welcher wir gut zwischen Gedanken, Außenwelt und eigenem Körper zu unterscheiden vermögen. Zweitens postuliert er das Prinzip der geschlossenen Naturkausalität, wonach jedes physische Ereignis eine physische Ursache hat. Dies ist kein synthetischer Satz a priori, sondern eine Norm, damit die Naturforschung in der Suche nach physischen Ursachen nicht erlahmt (Stegmüller, 1969, S.473). Drittes ist einzuwenden, dass es Phänomenbereiche gibt, die für das Handeln der Menschen wirksam, aber nicht materiell sind: z. B. Gesetze, Rechtsordnungen, Zahlen, Theoreme, Spiele, Bühnenstücke etc. (Bennett & Hacker 2012, S 485). Viertens hat der Materie-Begriff der Physik sich derart geändert, dass eine materialistische Position überhaupt nicht konsistent formuliert werden kann (Mausfeld, 2010).

Abgesehen von den traditionellen Auflösungs-Vorschlägen sind in der angelsächsischen philosophischen Debatte folgende neuere Positionen relevant:

(7) Sprachendualismus

Der Sprachendualismus vertritt im Anschluss an die Spätphilosophie Wittgensteins (1953) die Auffassung, dass die Rede vom Körper und Geist verschiedenen »Sprachspielen« zuzuordnen ist. Diese Sprachspiele folgen ihren jeweils eigenen »Logiken« und sind gegeneinander abgeschlossen.

Kommentar: Von einer Abgeschlossenheit der beiden Sprachspiele kann allerdings nicht gesprochen werden, weil das Sprechen über psychische Sachverhalte zahlreiche Metaphern aus dem Bereich des Physischen enthält; z. B. die Tiefe des Psychischen: »Die Grenzen der Seele wirst du nicht finden, auch wenn du alle Wege durchwanderst. So tiefen Grund hat sie« (Heraklit, Fragment 45). Die räumliche Metapher der Tiefe gibt einer ganzen Richtung der Psychologie ihren Namen: Tiefenpsychologie

(8) Identitätstheorie

Die Identitätstheorie ist ein materialistisch orientierter Auflösungsvorschlag und behauptet die Identität von Geist und Körper: Alle Verschiedenheit der Sprechweisen über Geist und Körper kann nach dieser Auffassung nicht darüber hinwegtäuschen, dass mentale und körperliche Zustände in Wirklichkeit identisch sind. Die meisten Autoren der Identitätstheorie zielen auf einen reduktiven Materialismus, d. h. der Geist wird auf das Gehirn reduziert.

Kommentar: Mit der Zuordnung von psychischen Vorgängen zu physischen Prozessen geht notwendigerweise eben die Spezifität, die Besonderheit des Psychischen verloren. Damit wird implizit behauptet, dass diese Besonderheit für die Erklärung von psychischen Vorgängen irrelevant ist. Darüber hinaus hält diese Auffassung die Zuordnung selbst irrtümlicherweise für eine Erklärung.

Alle Spielarten der Identitätstheorie können durch folgende Argumentation widerlegt werden: Zwei Dinge oder Entitäten sind dann und nur dann identisch, wenn sie ununterscheidbar sind, also hinsichtlich aller Eigenschaften miteinander übereinstimmen. Der Körper ist räumlich ausgedehnt, der Geist ist nicht räumlich ausgedehnt; folglich sind Geist und Körper nicht identisch (Brüntrup, 2012).

(9) Eliminativer Materialismus

Der eliminative Materialismus geht noch einen Schritt weiter als die Identitätstheorie und vertritt die Auffassung, dass es den Geist in Wirklichkeit überhaupt nicht gibt. Die Sprechweisen über den Geist sind daher zu eliminieren.

Kommentar: Es handelt sich um einen inakzeptablen Ansatz, der im Kapitel Reduktionismus ausführlich besprochen wird.

(10) Funktionalismus

Der Funktionalismus arbeitet mit Computer-Analogien und sieht Geist und Körper analog zu dem Verhältnis von Software und Hardware beim Computer. Der funktionalistisch gedeutete Geist wird weder monistisch mit der Körper-Struktur gleichgesetzt noch dualistisch aus der Körperwelt ausgegrenzt.

Kommentar: Der Mensch ist kein Computer. Es handelt sich um eine Verwechslung: die Metapher wird als Reales genommen. Der Computer ist ein Regelbefolgungsautomat (der Computer enthält Regeln und Meta-Regeln, d. h. Regeln zur Erzeugung von Regeln), während der Mensch schöpferisch ist und aus abstrakten Prinzipien (z. B. aus der Idee der Gerechtigkeit) neue Regeln erfinden kann. Außerdem kann der Computer keine Intensionen (Bedeutungen) direkt erfassen, sondern er fasst die Begriffe indirekt durch ihre Extension (Umfang des Begriffs). Zur Unterscheidung von Intension und Extension vgl. Stegmüller (1969).

(11) Neuer Epiphänomenalismus

Der neue Epiphänomenalismus versucht die Hauptzielrichtung der monistischen Identitätstheorie beizubehalten, ohne sich der insgesamt reduktiven Tendenz der Identitätstheorie anzuschließen. Der Geist wird als Epiphänomen des Körpers bezeichnet, wobei dem Geist keinerlei eigene kausale Wirksamkeit zugebilligt wird.

Kommentar: siehe unter Punkt (3)

(12) Emergenztheorien

Emergenztheorien wenden die Evolutionstheorie als übergeordnete Theorie zur Auflösung des Leib-Seele-Problems an, indem behauptet wird, der Geist habe sich als etwas Neues aus dem Körper entwickelt. Emergenztheorien nehmen daher eine Zwischenstellung zwischen monistischen und dualistischen Positionen ein. Sie betonen die Unvorhersehbarkeit und Irreduzibilität systemischer Eigenschaften (z. B. Leben) und sind eine Alternative sowohl zum mechanischen Materialismus als auch zum Vitalismus, der eine übernatürliche Lebenskraft (élan vital) annimmt.

Kommentar: Emergenz ist kein sinnvoller philosophischer Begriff, weil er die Unwissenheit über die Entstehung des Lebens oder des Geistes durch Rhetorik überdeckt. Es wird mit der Sprache gezaubert.

Es ist sinnvoll, sich für eine der angeführten Alternativen zu entscheiden. Wir schlagen vor, den Aspektdualismus zu wählen, weil er nicht wie die Lehre von Descartes eine substantielle Seele annimmt – die Annahme der Seele als Substanz würde implizieren, dass die Seele unabhängig vom Leib existieren kann, wofür es nicht die geringsten Evidenzen gibt. Nach der aspektdualistischen Lehre ist bloß vorauszusetzen, dass – ähnlich wie bei Fechner – körperliche und seelische Prozesse miteinander korrelieren. Der Aspektdualismus ermöglicht zudem die Wiedereinführung des Seelenbegriffs in die Psychologie, nicht im Sinne einer substanziellen Seele, sondern als Attribut des lebendigen Menschen. Die Psychologie ist dann die Wissenschaft von der menschlichen Seele und ihrer Äußerungen im Erleben, im Handeln und im Verhalten. Dies könnte der gegenwärtig so atheoretisch verfassten Psychologie zu einem Wiederanschluss an Theoriebestände des 19. Jahrhunderts verhelfen.

Kapitel 4

Reduktionismus

»Die Mängel unserer Beschreibung werden wahrscheinlich verschwinden, wenn wir anstatt der psychologischen Termini schon die physiologischen oder chemischen Begriffe einsetzen könnten« (Freud, 1920, S. 65). Sigmund Freud, aus dessen Feder dieser Satz stammt, war – wenn man sein gesamtes Oeuvre überblickt (vgl. Kap. 7) – alles andere als ein Reduktionist. Und dennoch fasst dieser Satz in einer knappen Formel zusammen, was mit Reduktionismus in der Psychologie gemeint ist: Der Reduktionist versucht, psychische Phänomene eindeutig auf neurologische Prozesse und diese wieder auf physikalische bzw. chemische Ereignisse zurückzuführen, auf diese zu »reduzieren«. In der philosophischen Literatur wird zwischen einem ontologischen und einem erklärenden Reduktionismus unterschieden.

4.1 Ontologischer Reduktionismus und erklärender Reduktionismus

»Reduktionismus« wird in der Wissenschaftstheorie in zweierlei Bedeutung verwendet: erstens im Sinne eines letztlich alle Einzelwissenschaften umfassenden Wissenschaftsprogramms und zweitens im Sinne eines Erklärungsprinzips, in dem die Gesetze und Ausdrücke einer »höherstufigen« Theorie – in unserem Falle der Psychologie – auf die Gesetze und Ausdrücke einer »grundlegenderen« Theorie – der Neurobiologie oder der Physik – zurückzuführen, d.h. logisch zu »reduzieren« sind. Bezeichnungen wie »höherstufig« und »grundlegender« zeigen an, dass der erklärende Reduktionismus aus dem ontologischen Reduktionismus abgeleitet ist. Das Programm eines ontologischen Reduktionismus liegt dem Ideal der Einheitswissenschaft zugrunde, wie es von den Vertretern des Wiener Kreises bzw. des Logischen Empirismus verfochten wurde. Dabei handelt es sich letztlich um eine Wiederbelebung der wissenschaftlichen Ur-Idee des Atomismus (Fleck, 1935). Die Welt wird als aus Gegenständen zusammengesetzt vorgestellt, die derart klassifiziert werden können, dass die Gegenstände einer bestimmten Klassifizierungsebene aus Gegenständen einer tieferen Ebene zusammengesetzt sind. Ihre klassische Fassung hat diese Idee von Oppenheim und Putnam (1958) erfahren. Die Gegenstände der Welt werden in sechs Ebenen angeordnet (vgl. dazu Schwegler, 2001, S. 64–65):

(1) Soziale Gruppen
(2) Lebewesen
(3) Zellen
(4) Moleküle
(5) Atome
(6) Elementarteilchen

Diese Ebenen zu untersuchen, obliegt jeweils spezifischen Wissenschaften, die den gesetzmäßigen Zusammenhang der Gegenstände auf der fraglichen Ebene beschreiben. Dabei wird vorausgesetzt, dass die entsprechenden Theorien Stufe für Stufe aufeinander zu reduzieren sind: T_1 auf T_2, T_2 auf T_3, allgemein: T_N auf T_{N+1} – und zwar in der Art, dass die gesetzmäßigen Beziehungen auf der Ebene E_N aus den gesetzmäßigen Beziehungen auf Ebene E_{N+1} logisch korrekt abgeleitet werden. Dazu sind eigene »Brückengesetze« erforderlich, um die spezifischen Begriffe der höherstufigen Theorie T_N mit jenen der allgemeineren Theorie T_{N+1} zu verbinden.

Der Umstand, dass der ontologische Reduktionismus als einheitswissenschaftliches Programm philosophisch als obsolet gilt, erübrigt ein näheres Eingehen. Nur so viel: Unabhängig von der Art der Gliederung in Klassifikationsebenen – unabhängig also von der Frage, ob das von Oppenheim und Putnam vorausgesetzte Schema erschöpfend oder durch Hinzufügung zusätzlicher Teilsysteme, z. B. eines Teilsystems Gehirn, erweitert werden muss – impliziert die dargestellte schematische Ordnung von »Gegenständen« einen ontologischen Materialismus. Die Annahme aber, dass allein materielle Dinge existieren, ist unsinnig:

> »Denn bei Gesetzen und Rechtsordnungen, Zahlen und Theoremen, Spielen und Bühnenstücken handelt es sich offenkundig weder um materielle Objekte noch um materiell Stoffliches. Die Farben, Größen und Gewichte *von* materiellen Objekten, ganz zu schweigen von ihren Funktionen und Dispositionen, sind mit Sicherheit keine materiellen Objekte, obgleich es zweifellos Sinn hat zu sagen, dass es solche Eigenschaften wie Farben, Größen und Gewichte und solche Dispositionen wie Löslichkeit und Elastizität gibt. Zudem handelt es sich bei Kriegen, Revolutionen und Kulturen, Theateraufführungen, Geburtstagsfeiern und Beerdigungen nicht um materielle Objekte – solche Dinge gibt es jedoch, sie kommen vor, ereignen sich oder existieren zu einer Zeit oder für eine gewisse Zeit« (Bennett & Hacker, 2012, S. 485).

Aus der Unhaltbarkeit des ontologischen Reduktionismus folgt jedoch nicht zwangsläufig die Unhaltbarkeit eines daraus abgeleiteten »intertheoretischen« (Pauen, 2001, S. 18) oder erklärenden Reduktionismus. Aufzugeben ist dabei bloß der Bezug zu Fragen der Ontologie. Was allerdings beibehalten wird, ist der Gedanke, dass – wie auch immer man diese definiert – »höherstufige« Theorien auf »grundlegendere« Theorien im dargestellten Sinn zu reduzieren sind. In dem uns interessierenden Fall geht es also darum, psychologische auf physiologische und physiologische selbstredend auf physikalische bzw. auch chemische Theorien zurückzuführen. Damit sind wir bei der Programmatik der modernen Hirnforschung angelangt.

Grundsätzlich ist festzuhalten, dass es in Bezug auf einen erklärenden Reduktionismus durchaus verschiedene Lesarten gibt: Man könnte etwa voraussetzen, dass der »Zweck eines solchen Unternehmens« eben nicht darin liegt, die höherstufige – also die psychologische Theorie – zu eliminieren. Um es mit dem um eine Verständigung von Philosophie und Neurowissenschaften so bemühten Micheal Pauen (ebd., S. 19) zu formulieren, sollten »in der Regel [...] vielmehr die Ressourcen der grundlagenorientierten Theorie für zusätzliche und umfassendere Erklärungen genutzt werden«. Allerdings bleibt dabei völlig unbestimmt, was unter »umfassendere Erklärungen« gemeint sein soll. Keinesfalls gerechtfertigt sei jedenfalls, so Pauen weiter, »die Erwartung, eine Reduktionsbeziehung von Psychologie und Neurowissenschaften würde die Existenz der von der Psychologie beschriebenen Phänomene in Gefahr bringen, also zu einer Elimination des Mentalen führen«.

Unabhängig davon, was die Psychologie selbst dazu beiträgt, die Existenz der von ihr beschriebenen Phänomene in Gefahr zu bringen, zeigt eine auch nur oberflächliche Durchsicht programmatischer Stellungnahmen von Neurowissenschaftlern (z.B. Elger et al., 2004), insbesondere aber ihre öffentlichen Auftritte zur Fragen der Willensfreiheit, dass sie an einer solchen differenzierten Auffassung des Reduktionismus nicht wirklich interessiert sind. Für Gerhard Roth (2004a) z.B. steht eben fest, dass nicht der Mensch, d.h. eine Person Entscheidungen trifft, sondern sein Gehirn. Und so geht es mit vielen vorgeblich ›bahnbrechenden‹ hirnwissenschaftlichen Untersuchungen weiter. Stephan Schleim (2011, Kapitel 2) hat z.B. gezeigt, wie Moralvorstellungen von Hirnforschern naturalisiert und moralphilosophische Systeme wie etwa der Utilitarismus als zwangsläufiges Resultat der evolutionären Hirnentwicklung dargestellt werden. Die Kruditát mancher Äußerungen (z.B. Crick, 1994; vonseiten der Psychologie z.B. Markowitsch, 2004) nötigt der philosophischen Kritik tatsächlich sehr grundsätzliche und daher doch wieder auf die Ontologie Bezug nehmende Feststellungen ab: Selbst dann, wenn man annehmen würde, »dass alles, was aus irgendetwas gemacht ist, aus Materie gemacht ist«, folgt daraus nicht,

> »dass menschliche Wesen ontologisch auf ihr Nervensystem reduzierbar sind und schon gar nicht, dass ihr Geist ihr Gehirn ist. Menschen sind aus verschiedenen Teilen – ihren Körperteilen – zusammengesetzt und sie sind aus bestimmten Mengen chemischer Elemente gemacht; sie sind jedoch nicht identisch mit dem, woraus sie gemacht sind, oder mit einem besonderen Körperteil [...] – dem Gehirn nämlich. Wir sind Menschen, und wir leben nicht in unseren Schädeln, sondern in unseren Wohnungen. Die Eigenschaften, die wir haben (z.B. unsere physischen Eigenschaften – Körpergröße, Gewicht, Aussehen – und unsere persönlichen Beziehungen, unsere gesellschaftliche Stellung, unsere ökonomische Position, unsere Lebensgeschichte), sind keine Eigenschaften des Gehirns, genauso wenig, wie die Eigenschaften des Gehirns unsere Eigenschaften sind. Es ist schlichtweg falsch, dass wir [wie Crick, (1994, S. 3), behauptet,] ›nur das Verhalten einer riesigen Ansammlung von Nervenzellen (und anderer Zellen) und den dazugehörigen Molekülen‹ sind. Tautologisch wahr ist, dass wir nicht aus noch mehr Zellen bestehen, als der riesigen Ansammlung von Nervenzellen und anderen Zellen, aus denen wir – lebende menschliche Wesen – tatsächlich bestehen. Wir sind allerdings genauso wenig eine *bloße* Ansammlung von Zellen (Nervenzellen und anderen) wie ein Gemälde eine *bloße* Ansammlung von Pigmenten und Pinselstrichen ist, ein Roman eine bloße Ansammlung von Worten oder eine Gesellschaft eine An-

> sammlung von Menschen – obgleich das, was ein Gemälde über Pigmente hinaus ist, kein Mehr an Pigmenten ist, was ein Roman über Worte hinaus, was eine Gesellschaft über Menschen hinaus ist, kein Mehr an Worten bzw. Menschen ist« (Bennett & Hacker 2012, S. 486).

Wenn man von den philosophischen Entgleisungen in die Bahnen eines eigentlich bereits in der zweiten Hälfte des 19. Jahrhunderts überwundenen Vulgärmaterialismus absieht, bleibt dennoch zu fragen, ob das z. B. von Pauen (2001) befürwortete Unternehmen eines erklärenden Reduktionismus prinzipiell möglich ist. Voraussetzung dafür ist nicht unbedingt, dass mentale Vorgänge mit neurobiologischer Aktivität identifiziert werden. Man müsste aber zumindest annehmen können, dass psychologische Phänomene, Handlungen z. B., nomologisch, d. h. als naturgesetzliches Geschehen zu beschreiben sind. Eben das scheint zweifelhaft: Menschliches Handeln ist sinnstrukturiert; Sinn oder Bedeutung sind keine naturwissenschaftlichen Kategorien. Oder in den Begriffen des intertheoretischen Reduktionismus ausgedrückt: Falls neurowissenschaftliche »Erklärungen« von Handlungen dennoch versucht werden, so sind sie zwangsläufig irrelevant: Sie können – wenn man das Programm einer erklärenden Reduktion nicht bloß als Metapher, sondern ernst nimmt – zur Erweiterung psychologischer Theorien nichts beitragen:

> »Wir fragen beständig danach, weshalb jemand etwas tat oder tut, und wir finden normalerweise befriedigende Antworten. Wir wollen wissen, warum A seinen Arm hob – und man sagt uns vielleicht, er habe B gewunken oder ein Taxi angehalten, oder er habe versucht, ein Buch zu greifen, oder habe seinen Arm gestreckt, weil dieser sich steif anfühlte. Wir wollen wissen, weshalb A Klavier spielt, und man sagt uns vielleicht, er übe oder habe einen Auftritt oder stimme das Instrument. Wir fragen, wieso A B eine Münze aushändigte, und man sagt uns vielleicht, bei der Münze habe es sich um ein Geburtstagsgeschenk gehandelt oder A habe B bestechen wollen oder habe ihm etwas geliehen oder eine Schuld beglichen oder B ein altertümliches Geldstück gezeigt. Solche Erklärungen erklären, indem sie eine rätselhafte Handlung in unterschiedliche Hinsichten charakterisieren, wodurch das Rätselhafte im Zusammenhang vollständig verschwinden kann. Wurde die Erklärung formuliert, weiß man nun, *was* A *bei* oder *mit* der Ausführung von V tat – und das kann uns genügen. Für unsere Belange ist die Tatsache von Bedeutung, dass es sich bei solchen Erklärungen um nichtreduktive handelt. Sie beziehen sich

auf verschiedene Faktoren und setzen die Kenntnis von sozialen Praktiken und Konventionen voraus. Es wäre jedoch absurd anzunehmen, dass sie sich durch irgendeine Form reduktiver neuraler Erklärung zeitgleich stattfindender Gehirnereignisse verbessern ließen oder dass ein solcher Zusatz unsere verstehende Einsicht darein, was A tat und wieso er es tat, tatsächlich vertiefen würde. Um zu verstehen, was vor sich geht, wenn A B eine kleine runde Metallscheibe aushändigt, müssen wir wissen, was Geld ist und weshalb es verwendet wird; und wenn A B bestochen hat (oder bei ihm eine Schuld beglich oder ihm etwas lieh), müssen wir eine ganze Menge von sozio-ökonomischen Vereinbarungen in menschlichen Gesellschaften wissen. Die neurowissenschaftliche Reduktion hat zu solchen Erklärungsformen nichts beizutragen« (Bennett & Hacker, 2012, S. 491–492).

4.2 Beseitigender Reduktionismus: Eliminativer Materialismus

Wenn man die prinzipielle Unmöglichkeit der Reduktion von psychischen Entitäten, die in psychologische Erklärungen eingebunden sind – Überzeugungen, Hoffnungen, Ängste, Absichten, Gründe etc. – auf neuronale Strukturen in physikalistischen Theorien anerkennt, führt dies nicht automatisch zur Ablehnung einer materialistischen Position. Man kann diese Unmöglichkeit nämlich auch damit begründen, dass psychische Entitäten bloß eine Fiktion sind. Für Wilfrid Sellars (1956) oder Paul und Patricia Churchland (P.M. Churchland, 1979, 1984, 1989, 1997, 2007; P.M. Churchland & P.S. Churchland, 1998; P.S. Churchland, 1986) ist der Rückgriff auf mentale Akte oder auf Bewusstseinsvorgänge zur Erklärung von Verhalten bloß der Rückgriff auf ein Artefakt einer vorwissenschaftlichen Theorie. Es entspricht unserer Alltagspraxis, dass wir das Verhalten anderer auf deren Wünsche, Absichten oder Überzeugungen zurückführen. Durch den ständigen Gebrauch solcher Zuschreibungen gewinnen wir den Eindruck, wir würden diese Zustände tatsächlich erleben. Durch den Fortschritt der Kognitions- und Neurowissenschaften soll es in absehbarer Zeit gelingen, diese alltagspsychologischen Erklärungen – die Autoren sprechen ausdrücklich von einer »folk psychology« –, erstens, eben als Fiktion zu entlarven und, zweitens, durch entsprechende naturwissenschaftliche Konzepte zu ersetzen. Weil alltagspsychologische Prognosen generell unsicher sind, die Alltagspsychologie in der Vorhersage von Verhalten in den letzten 2500 Jahren keine wirklichen Fortschritte gemacht hat, ist sie in derselben Art und Weise zu beseitigen, wie ihn der Wissenschaftsgeschichte der Physik und der Chemie als fehlerhaft erkannte Theorien eliminiert wurden:

> »Die Alltagspsychologie wird eliminiert werden, so wie es falschen Theorien ergeht, und die vertraute Ontologie der mentalen Zustände des gesunden Menschenverstandes wird dasselbe Schicksal erleiden wie das stoische Pneuma, die Essenzen der Alchemie, das Phlogiston, der Wärmestoff und der lichtleitende Äther« (Paul Churchland, 1979, S. 114; zit. n. Pauen, 2001, S. 95).

Gegen den eliminativen Materialismus sind viele verschiedene Einwände vorgebracht worden (vgl. z.B. Pauen, 2001, S. 97–106), die allesamt auf die Selbstwidersprüchlichkeit dieser Position verweisen. Wenn man etwa die psychische Entität Eifersucht durch Bezeichnungen für entsprechende neuronale Aktivität ersetzen kann, was ist dann erklärt, wenn Eifersucht damit als eliminiert gilt? Und was soll in diesem Zusammenhang »erklären« bedeuten, wenn Erklären ein alltagspsychologischer Begriff ist, der beseitigt werden muss? Und was kann ein eliminativer Materialist überhaupt wissen, wenn Wissen ganz offensichtlich eine psychische Entität, d.h. eine Fiktion ist?

4.3 Praktische Konsequenzen

Würde sich das reduktionistische Programm tatsächlich verwirklichen lassen, dann wäre der Mensch – und zwar in eben derselben Weise wie im Behaviorismus intendiert – einer totalen Kontrolle zu unterwerfen. Diese Tendenz zur Objektivierung führt letztlich dazu, dass mit Menschen, die sich in eine Beratungs- oder in eine Behandlungssituation begeben, nicht mehr gesprochen werden muss. Man schiebt sie in eine Maschine und weiß sofort, woran es fehlt. Selbstbeobachtung und Selbstauskünfte sind dabei nicht nur bloß verzichtbar – sie sind geradezu störend. In der Medizin ist dieses Szenario zu einem guten Teil auch schon verwirklicht. In einer Fülle von Studien wird gezeigt, dass der moderne Patient im Verkehr mit seinem Arzte kaum mehr zu Wort kommt. Der Redefluss der Patienten wird sozusagen auf den Rechtsweg verwiesen. Wenn etwas schief gegangen ist, der Patient Schaden erlitten hat, dann wird er befragt, dann darf er reden.

Man sieht, wie Beziehungen – z. B. die Arzt-Patienten-Beziehung – in ein Verhältnis zwischen Herr und Knecht umgewandelt werden: Der Herr monologisiert, der Knecht hat sich zu fügen. Aber das ist nur ein Aspekt der praktischen Auswirkungen einer reduktionistischen Perspektive. Ein anderer wird in einer Studie von Matthew Lebowitz und Woo-Kyoung Ahn (2014) demonstriert: Die zunehmende Tendenz, psychische Erkrankungen in biologischen Termini zu erklären, wirkt sich, wie die beiden Autoren gezeigt haben, sehr unmittelbar auf die Arzt-Patienten-Beziehung aus. Betroffen ist vor allem die Fähigkeit zur Empathie: Kliniker an psychiatrischen Stationen, die mit neurobiologischen Informationen über ihre Patienten unterrichtet wurden, zeigen weniger Empathie als solche Ärzte, die eine psychosoziale Information erhalten haben.

Im Übrigen bliebe natürlich auch das Selbstverständnis von Personen, die sich konsequent in der neurowissenschaftlichen Perspektive begreifen, nicht unberührt. Sie könnten sich nicht mehr widerspruchsfrei als handlungsfähige Subjekte verstehen und sich für ihr eigenes Tun und Lassen Verantwortung zuschreiben. In der eigenen Lebenspraxis geht indes wohl niemand soweit (auch weil man es mit sich widersetzenden Mitmenschen zu tun bekäme, die niemanden so schnell aus der eigenen Verantwortung entlassen, nur weil er oder sie einem neuropsychologischen Szientismus huldigt). Es trifft wohl zu, dass die Konsequenzen einer radikalen und totalen Durchsetzung des neurowissenschaftlichen Programms für unser Selbstverständnis als Personen sowie unsere sozialen Beziehungen kaum auszumalen sind. Von unserer soziokulturellen Praxis und psychosozialen Vorstellung davon, was es heißt, eine Person mit einer individuellen, in historische und soziokulturelle Lebensformen eingebetteten Lebensgeschichte zu sein, bliebe nichts übrig. Man könnte sich selbst und die anderen nicht mehr ernst nehmen (Frankfurt, 2007).

4.4 Der mereologische Fehlschluss in den Neurowissenschaften

Einer der bestimmenden Gedanken der vorliegenden Streitschrift ist, dass die Neurowissenschaften, erstens, kaum etwas zur Lösung psychologischer Fragen beitragen, dafür, zweitens, aber in der Psychologie eine offenbar sehr nachhaltige Begriffsverwirrung stiften. Problematisch ist in dieser Hinsicht, wie zu zeigen sein wird, beides: die empirische Seite der psychologisierenden Neurowissenschaften ebenso wie ihre theoretische. Was die theoretische Seite betrifft, mögen in der Folge nur einige wenige Andeutungen genügen, um klar zu machen, dass die Übernahme der Begriffssprache der Hirnforschung in die Theorie der Psychologie vor allem eines hervorzubringen droht: Un-Sinn.

In der Ankündigung eines Lehrgangs für Biofeedback an jener Universität, an der die beiden Autoren dieses Buches gegenwärtig lehren, stand vor Wochen der Satz zu lesen: »Der Körper lügt nicht!« Der Un-Sinn enthüllt sich, wenn man die Aussage entsprechend variiert: »X lügt nicht!« Wobei für X Wörter einzusetzen sind, die in logischer Hinsicht dem Wort »Körper« gleichwertig sind. Unter den möglichen Varianten – es gibt unendlich viele –gefällt uns diese besonders gut: »Eine Straßenbahn lügt nicht!« Die Analogie zu den Sprachproduktionen vieler Neurowissenschaftler (vgl. zum Folgenden Knaup, 2013, S. 446–447 & Fuchs, 2007, S. 65–66) ist nur allzu offenkundig: z. B. wenn Gerhard Roth (1992, S. 128) mit seiner Forschung erklären will, »was unser Gehirn wirklich tut, nämlich wahrnehmen, denken, vorstellen, empfinden«; oder die Beschreibung zwischenmenschlicher Kommunikation bei Wolf Singer (2002, S. 73) als »Dialog zwischen Gehirnen«; und derselbe Autor (Singer, 2004), besonders hübsch, im Feuilleton, in diesem Fall im Interview mit dem *Spiegel*: »Gehirne schaffen Wunderbares: Sie komponieren, sie haben tiefe Gefühle«. Man könnte die Liste nahezu endlos mit weiteren Stilblüten fortsetzen: Fehlen dürfte dabei aber auf keinen Fall, dass durch den Fortschritt der Neurowissenschaften »sich unser Gehirn ernsthaft [!]« anschickt, »sich selbst zu erkennen« (Elger et al., 2004, S. 37).

Tatsächlich handelt es sich bei dieser Art von Rede um einen Kategorienfehler: Kategorienfehler entstehen, wenn Ausdrücke, die verschiedenen logischen Kategorien angehören, miteinander vermengt werden: Zum Beispiel <Sonntag liegt im Bett> – wenn der Ausdruck <Sonntag> einen Wochentag und nicht eine Person bezeichnet. Aussagen dieser Art sind nicht missverständlich, sondern sinnlos, un-sinnig; oder anders: sie sagen überhaupt nichts![4] Eben das gilt für die oben exemplarisch zitierten sprachlichen Produktionen der Hirnforscher: Psychologische Attribute kann man, um mit Wittgenstein (Philosophische Untersuchungen Bd. I, §281) zu sprechen – nur einem »lebenden Menschen, und was ihm ähnlich ist (sich ähnlich benimmt)« zuschreiben, nicht aber Gehirnen: Weil das Gehirn, eben »kein logisch angemessenes Subjekt für psychologische

4 Es sei denn, es handelt sich um poetische Metaphern oder andere kreative Tropen.

Prädikate« ist (Bennett & Hacker, 2012, S. 93), handelt es sich bei einer solchen Zuschreibung um einen Kategorienfehler. Bennett und Hacker (ebd., S. 94) haben für diese Art von Denkfehler eine eigene Bezeichnung, den »mereologischen Fehlschluss«, eingeführt:

> »Die Mereologie ist die Logik der Teil-Ganzes-Relationen. Den Irrtum, den sich Neurowissenschaftler zuschulden kommen lassen, wenn sie den konstituierenden *Teilen* eines Lebwesens Attribute zuschreiben, die in logischer Hinsicht nur auf *ganze* Lebewesen zutreffen, werden wir den ›mereologischen Fehlschluss‹ in den Neurowissenschaften nennen. [...] Von menschlichen Wesen, nicht aber von ihren Gehirnen, kann man sagen, dass sie rücksichtsvoll oder nicht rücksichtsvoll sind; von Tieren, nicht aber von ihren Gehirnen, und schon gar nicht von deren Hemisphären, kann man sagen, dass sie etwas sehen, hören, riechen und schmecken; von Menschen, nicht aber von ihren Gehirnen, kann man sagen, dass sie Entscheidungen treffen oder unentschlossen sind« (ebd., S. 94).

Gegen diese philosophische Kritik ist z. B. von Prinz (2008, S. 246) eingewandt worden, dass es sich bei der bunten Redeweise der Neurowissenschaftler nur um eine *façon de parler* der Laborforschung handle. Nicht die psychologisierenden Hirnforscher selbst, sondern die dem Labor fernstehenden Kritiker aus der Philosophie würden diese Sprachregelungen ernst, d. h. beim Wort nehmen. Was Prinz in seinem Text eigentlich sagen will, ist, dass Leute, die nicht vom Fach sind, sich nicht anmaßen sollten, das Fach zu kritisieren. Weil sich eben das nicht gut begründen lässt, muss er sein Argument dahingehend abschwächen, dass die Kritiker den bloß metaphorischen Gehalt vieler Wörter in der Sprache der Hirnforscher verkennen würden. Natürlich ist gegen die Verwendung von Metaphern in der Wissenschaft nichts einzuwenden – vorausgesetzt, dass der, der sie verwendet, sich und anderen immer klar macht, dass diese Verwendung *rein* metaphorisch und nichts anderes als das ist. Metaphern und Analogien helfen, bestimmte Phänomene zugänglich zu machen. Es muss aber stets möglich sein, den Ertrag der uneigentlichen Rede in einer Theoriesprache zu reformulieren. In den Neurowissenschaften ist diese Voraussetzung aber offenbar nicht gegeben. Uns ist kein Versuch bekannt, in einer physikalischen Theoriesprache ›auszubuchstabieren‹, was es heißt, dass das Gehirn irgendetwas wahrnimmt oder entscheidet. Und weiter: Wenn Hirnforscher Hirnfunktionen und – völlig unbeeindruckt von philosophisch begründeten Zweifeln am Programm des klassischen oder des erklärenden Reduktionismus (s.o.) – psychische Abläufe in der Sprache der Physik und der Chemie zu beschreiben versuchten, wen, so fragen wir, würde das außerhalb ihrer Scientific Community besonders interessieren? So lässt sich aus dem sorglosen Umgang mit der Sprache letztlich sogar Kapital schlagen:

> »Denn was ließe sich vom Menschen schon erklären, wenn man nur monotone elektrochemische Vorgänge an seinen Neuronenmembranen beschreiben würde? Die Zerlegung des lebendigen Ganzen in Mikroprozesse muss also wenigstens verbal rückgängig gemacht werden, um die Ebene von Wahrnehmungen, Motiven und Handlungen wieder zu erreichen. Die Neurowissenschaften versuchen daher, eine ›hybride‹ Zwischenebene einzuziehen, die physikalische und intentionale Beschreibungen vermischt und so gewissermaßen dem Gehirn Personalität implantiert« (Fuchs, 2007, S. 66).

Die Neurowissenschaftler der Gegenwart setzen im Eigentlichen recht bewusst- und gedankenlos fort was ihre Vorgänger in grauer Vorzeit begonnen haben. So kann es durchaus passieren, dass glühende Verfechter eines monistischen Materialismus sich bei näherem Hinsehen als verkappte Dualisten entpuppen: Es fällt nämlich auf, wie Bennett und Hacker (2012, S.145) konstatieren,

> »dass die Neurowissenschaften dem Gehirn nahezu dasselbe Eigenschaftsspektrum zuschreiben, das Cartesianer dem Geist zuschrieben. Sie operieren also mit einem Begriffssystem, das dem cartesianischen Dualismus annähernd entspricht – das heißt, nahezu die gleiche Form und Struktur wie dieser hat –, und sie unterscheiden sich von diesem in erster Linie dadurch, dass sie den psychologischen Attributen ein anderes Subjekt ›unterlegen‹. Sie ersetzen den immateriellen cartesianischen Geist durch das materielle Gehirn, behalten allerdings die fundamentale *logische Struktur* der dualistischen Psychologie bei.«

Die Psychologie kommt dieser ganzen Tendenz von sich aus aufgrund der Besonderheit ihrer eigenen Geschichte willig entgegen: Just entstanden, als der Begriff der Seele aus dem Denken der Wissenschaft, insbesondere aus dem Denken der Biologie, verbannt worden ist, macht ihr eine markante theoretische Leerstelle gleichsam als schmerzende Narbe ihrer Geburt als Einzelwissenschaft zu schaffen. Was sollte, wenn die Seele als Erklärungsbegriff nicht mehr zur Verfügung steht, denn der Träger sein, an dem sich die von der Wissenschaft zu beschreibenden und zu erklärenden psychischen Abläufe vollziehen? Was die Psychologie mit ihrer Verbindung zur Philosophie schließlich verloren hat, ist eben das, worauf sie eigentlich bezogen sein sollte: das handelnde und leidende Subjekt (vgl. Holzkamp, 1983).

Kapitel 5

Zur Kritik der Forschungsmethoden in den Neurowissenschaften

Die Anwendung der in den Neurowissenschaften üblichen Forschungsmethoden – von der Läsionsforschung über das EEG bis hin zur funktionellen Magnetresonanztomografie fMRT –, insbesondere aber die Interpretation der Befunde setzen implizit eine eindeutige Zuordnung von je besonderen psychischen Aktivitäten zu Nerventätigkeit in je besonderen, vor allem aber klar voneinander abgrenzbaren Hirnregionen voraus (vgl. z.B. Roth, 2012). Eine solche eindeutige Struktur-Funktion-Zuordnung ist, wie es im Memorandum »Reflexive Neurowissenschaft« (Tretter & Kotchoubey, 2014) zu Recht heißt, »mit erheblichen Unschärfen verbunden«. Auf diese Unschärfen muss die Forschung ›pragmatisch‹ reagieren. Sie tut dies, indem sie z.B. statt eindeutigen Zuordnungen mathematisch bestimmbare Wahrscheinlichkeitsbeziehungen annimmt. Interessant ist, dass diese ›Lösung‹ in der Interpretation der Ergebnisse wieder verwischt wird. Mithilfe einer Computer-Datenbank kann die Wahrscheinlichkeit der Zuordnung einer psychischen Funktion zu einer Aktivität einer Gehirnregion bestimmt werden:

> »Die größte aktuelle Datenbank (www.brainmap.com.) nutzt aktuell [Stand: 2012] über 75 000 Daten von Bildgebungsstudien aus ca. 10 000 Experimenten. Man kann in diese Datenbank ein Hirngebiet eingeben und berechnen lassen, mit welcher Wahrscheinlichkeit welche psychische Funktion diese Aktivierung hervorgerufen haben könnten. Gibt man z. B. das Broca-Areal ein, welches sicherlich eines der am besten untersuchten Hirngebiete ist und als Paradebeispiel für ein funktional spezialisiertes Hirngebiet gilt, so berechnet diese Datenbank eine Chance von

115 : 50, dass diese Aktivierung durch Sprachfunktionen hervorgerufen wurde. [...] Das bedeutet, es existiert nur eine moderate Zuordnung von Sprachfunktionen zu Aktivierungen im Broca-Areal und das für ein Hirngebiet, für das sehr starke funktionale Lokalisierungen angenommen werden. Das bedeutet, dass viele andere Hirngebiete, für die weniger starke funktionale Spezialisierungen vorliegen (z. B. die Insula, weite Teile des lateralen und medialen Frontalkortex etc.) noch schlechter zu psychischen Funktionen zuzuordnen sind!« (Jaencke, 2012, S. 95).

Die Autoren des Memorandums »Reflexive Neurowissenschaft« ziehen daraus den grundsätzlichen Schluss, dass »eine psychische Funktion [...] an mehreren Gehirnorten realisiert [wird] und ein Gehirnort [...] an mehreren Funktionen beteiligt« ist (Tretter & Kotchoubey, 2014).

Im Folgenden wird ein kritischer Überblick über die wichtigsten Forschungsmethoden gegeben. Wie Schleim (2011, S. 2) darstellt, ist heute das fMRT zu der bei Weitem am häufigsten angewandten Methode geworden. Die Kritik ist daher vor allem auf dieses Verfahren fokussiert.

5.1 EEG-Forschung

Dass die Tätigkeit des Gehirns von elektrischen Erscheinungen begleitet ist, ist bereits seit den siebziger Jahren des 19. Jahrhunderts gut bekannt. Im Tierversuch konnte man damals zeigen, dass am geöffneten Schädel direkt an der Gehirnoberfläche schwache Spannungsschwankungen zu registrieren sind. Dem deutschen Psychiater Hans Berger (1873–1941) gelang es in den zwanziger Jahren des 20. Jahrhunderts als erstem, solche rhythmischen Potenzialschwankungen an Menschen von der geschlossenen Schädeldecke, also von der Kopfhaut abzuleiten. Diese Untersuchungen wurden dann in den dreißiger Jahren von Hubert Rohracher (1903–1972), dem späteren Vorstand des Wiener Psychologischen Instituts, in Innsbruck weitergeführt.

Das Prinzip der EEG-Aufzeichnung ist der EKG-Registrierung sehr ähnlich. Allerdings sind die an der Kopfhaut abzuleitenden Spannungsschwankungen etwa 100mal kleiner als die Spannungsschwankungen bei der Herztätigkeit. Man braucht also ein empfindlicheres Registriergerät, d. h. einen entsprechend leistungsfähigen Verstärker. An verschiedenen Stellen der Kopfhaut werden Elektroden befestigt, die mit dem Registriergerät verbunden sind. Der Verlauf der ständig wechselnden Spannungsdifferenz zwischen zwei Elektroden – einer Elektrode und einer Referenzelektrode – wird elektronisch verstärkt und aufgezeichnet. Bei einem modernen EEG-Gerät werden viele Kurven gleichzeitig registriert.

Hans Berger hatte zeigen können, dass in einem Zustand der geistigen und körperlichen Ruhe bei geschlossenen Augen sehr regelmäßige Schwingungen mit einer Frequenz von 8–12 Schwingungen pro Sekunde (8–12 Hz) auftreten. Berger nannte dieses Frequenzmuster Alpha-Wellen. Bei mentaler Aktivität – z. B. im Experiment kann man der entspannten Versuchsperson plötzlich einen stärkeren Sinnesreiz vorgeben – wird dieses Frequenzmuster durch raschere Wellen mit kleiner Amplitude verdrängt, die als Beta-Wellen (12 - 30 Hz) bezeichnet werden. Sehr schnelle oszillatorische Aktivität mit einer Frequenz von 30 bis 100 Hz wird Gamma-Aktivität genannt. Nach heutiger Auffassung spielt sie »eine wichtige Rolle bei der Integration von Information, die in verschiedenen Hirnarealen verteilt verarbeitet wird« und gilt somit »als Korrelat der Objekterkennung und der Herausbildung eines bewussten Perzepts« (Kiefer, 2009, S. 223).

Schon Berger hat darauf hingewiesen, dass das EEG als guter Indikator für die psychische Wachheit, für die Aktivierung angesehen werden kann. Allgemein gilt, dass kleine schnelle Wellen Ausdruck hoher Aktiviertheit sind. Mit zunehmender psychischer Entspanntheit werden die EEG-Wellen größer und langsamer. Man spricht von einer Synchronisation, bzw. beim Übergang in einen Zustand höherer psychischer Wachheit von einer Desynchronisation oder von einer Alpha-Blockade des EEG.

Naheliegend ist die Annahme, dass sich die Tendenz zur Synchronisation des EEG während des Einschlafens bzw. während des Schlafens fortsetzt. Entsprechende Resultate konnten schon bald erzielt werden: Im EEG gingen die Alpha-Wellen während des Einschlafens in noch langsamere Wellen mit größerer Amplitude über. Im Tiefschlaf schließlich zeigen sich sogenannte Delta-Wellen mit einer Frequenz von unter 4 Hz. Von diesen Delta-Wellen zu unterscheiden sind die Theta-Wellen, die nach heutigem Wissen »als Korrelat der Einspeicherung von Information im Gedächtnis und deren Konsolidierung« gelten (ebd., S. 223).

Die psychophysiologische Schlafforschung, die in den Vereinigten Staaten von Dement und Kleitmann von den späten fünfziger Jahren an weiterentwickelt wurde, stellt eine der wichtigsten Anwendungen der EEG-Forschung in der Psychologie dar. Ansonsten fand das EEG sehr bald schon Eingang in die Medizin, wo es als Diagnosehilfsmittel (Tumorlokalisation; Epilepsie-Diagnose) Verwendung fand. Für psychologische Fragestellungen erbrachte die frühe EEG-Forschung aber nicht das, was viele sich davon erwartete hatten: Versuche, hirnelektrische Begleiterscheinungen von spezifischen Erlebensinhalten sichtbar zu machen – und subjektives Erleben damit gleichsam zu objektivieren – blieben zunächst erfolglos. Heute wissen wir, dass das nicht an der Fragestellung, sondern allein daran lag, dass es in den dreißiger und vierziger Jahren des 20. Jahrhunderts noch an geeigneten Methoden fehlte. Die Veränderungen, die im EEG auf einen bestimmten Sinnesreiz hin erfolgen, sind so klein (nur einige Mikrovolt), dass sie durch die allgemeine Hintergrundaktivität des Gehirns verdeckt werden. Sie sind also gleichsam im Wellenmuster des Hirnstrombildes versteckt, verborgen. Erst mithilfe entsprechender Computerunterstützung können diese bioelektrischen Reizantworten sichtbar gemacht werden: Man gibt einen bestimmten Reiz immer wieder vor, registriert jedes Mal das EEG, und lässt einen Computer die Wellen mitteln. Jede zufällige, d.h. vom Reiz unabhängige elektrische Aktivität wird durch diesen Prozess nivelliert, die Aktivität, die in einem festen zeitlichen Verhältnis zum Reiz auftritt, wird sozusagen herausgehoben. Man spricht von evozierten Potenzialen (EP) oder ereigniskorrelierten Potenzialen (event-related potentials ERP).

Evozierte Potenziale bestehen aus einer Folge von positiven und negativen Schwankungen und dauern vom Ende des Reizes gerechnet typischerweise etwa 500 Millisekunden an. Die Form jedes Potenzials hängt von der Art des Reizes und der beteiligten Sinnesmodalität ab. Ein akustisch-evoziertes Potenzial sieht anders aus als ein optisches oder ein sensomotorisch-evoziertes. Grundsätzlich gilt, dass die Höhe der Amplitude des Potenzials direkt proportional zur Intensität des Reizes ist. Guttmann (1968) hat gezeigt, dass in einer Folge von akustischen Reizen mit gleicher Intensität nicht alle Reize als gleich laut erlebt werden. In diesem Fall entspricht die Höhe der Amplitude des evozierten Potenzials der erlebten Lautstärke und nicht der objektiven Schallintensität. Nur am Rande sei hier angemerkt, dass dieser Befund sehr früh schon den erkenntniskritischen Ansatz eines neurobiologischen Konstruktivismus im Sinne von Humberto Maturana stützt (Maturana et al., 1968; Maturana & Varela, 1987). Zudem bietet sich auch eine praktische Anwendung an: Man kann das akustisch-evozierte Potenzial zu einer objektiven Gehörprüfung verwenden (EEG-Audiometrie).

Die Anwendung einfacher mathematischer Verfahren auf das Normal-EEG erlaubt eine weitere Differenzierung. Mittels einer Fourier-Transformation kann der Potenzialverlauf im EEG als Kombination von Sinusschwingungen unterschiedlicher Frequenz dargestellt werden. Frühe Untersuchungen dazu zeigen, dass jede Person – und zwar weitgehend situationsunabhängig – eine für sie spezifische »Vorzugsfrequenz« aufweist (Guttmann, 1967).

In den letzten Jahrzehnten hat man sich in der EEG-Forschung noch mit einer anderen Klasse von hirnelektrischen Phänomenen beschäftigt, die lange Zeit – vor allem der technischen Schwierigkeiten wegen, sie zu registrieren – unbeachtet geblieben sind: die sogenannten kortikalen Gleichspannungspotenziale (DC-Potenziale). Unsere Gehirnoberfläche ist – einer Batterie vergleichbar – über einen längeren Zeitpunkt konstant bleibend und sich nur langsam ändernd jeweils unterschiedlich stark elektronegativ aufgeladen, wobei die jeweilige Höhe dieses Gleichspannungspotenzials einen verlässlichen Indikator der Erregbarkeit oder Aktivität einer bestimmten Rindenregion darstellt. Bei der Registrierung wird die sich langsam ändernde Spannungsdifferenz zwischen einem Punkt an der Schädeloberfläche und einem ›neutralen Punkt‹ (ursprünglich: hinter dem Ohr) gemessen. Freilich wird in den modernen Versuchsanordnungen nicht von einem einzigen Punkt, sondern wie beim ›normalen‹ EEG von vielen, über die ganze Kopfhaut verteilten Elektroden gleichzeitig abgeleitet. Zur technisch sehr aufwendigen Registrierung sind besondere Elektroden und – vor allem – ein Gleichspannungsverstärker notwendig. In langjährigen Entwicklungsarbeiten ist es z. B. an der Fakultät für Psychologie der Universität Wien gelungen, eine Versuchsanordnung aufzubauen, mit deren Hilfe solche minimalen Gleichspannungsänderungen über die gesamte Gehirnoberfläche hinweg aufgezeichnet werden können. Die Ladungsverteilungen liefern ein Bild der aktuellen Erregungsmuster der Gehirnoberfläche während einer bestimmten geistigen Tätigkeit. Die an dieser Leistung beteiligten Rindengebiete zeigen eine starke negative Aufladung (»Negativierung«), die mit einer nur Sekundenbruchteile betragenden zeitlichen Verzögerung auch bildlich dargestellt werden kann.

Eine typische Versuchsanordnung sieht wie folgt aus: Zwei nebeneinander abgebildete Würfel müssen miteinander verglichen werden; die Versuchspersonen haben zu entscheiden, ob der linke nach einer nur in der Vorstellung vollzogenen Rotation dieselbe Ansicht bieten könne wie der rechte. Es zeigt sich, dass im Augenblick der Problemlösung neben einer starken Negativierung der Sehrinde – Ausdruck der Betrachtung der Würfel – in der rechten Hemisphäre in genau jenem Bereich eine merkliche negative Aufladung eintritt, die bekanntermaßen mit Raumorientierung in Zusammenhang gebracht wird. Ein ganz anderes Bild ergibt sich, wenn dieselben Versuchspersonen (ausnahmslose Rechtshänder) sprachliche Aufgaben lösen müssen (es ist die Richtigkeit von Aussagen folgender Art zu beurteilen: Vogel : Nest = Mensch : Wohnung): eine starke, eng begrenzte linkshemisphärische negative Aufladung in eben jener Region, in der das Sprachzentrum liegt.

Der größte Vorteil der Registrierung kortikaler Gleichspannungspotenziale gegenüber den heute so modernen fMRT-Messungen ist, dass ihre Anwendung nicht an das Labor gebunden bleibt. Die Ableitung von CD-Potenzialen kann nämlich auch in Feldstudien erfolgen. Sehr rasche Veränderungen der Gehirnaktivität, die innerhalb von Sekundenbruchteilen auftreten, können gemessen werden. Allerdings misst man mit dieser Technik bloß die Korrelate der Hirnaktivität an der Kortexoberfläche, während PET und fMRT eine dreidimensionale Darstellung von Aktivitätsunterschieden im Gehirn erlauben. Grundsätzlich gilt, dass die Reliabilität von EEG-Ableitungen im Vergleich zu den für fMRT-Aufzeichnungen vorliegenden Koeffizienten (vgl. weiter unten im Text) ausreichend hoch ist (z. B. McEvoy et al., 2000).

5.2 Funktionale Magnetresonanztomografie

Das ursprüngliche Verfahren zur bildlichen Darstellung auch der subkortikalen Hirnaktivität ist die Positronen-Emissions-Tomografie (PET). Das Prinzip ist, dass einer Person radioaktive, d. h. Positronen abgebende Substanzen verabreicht werden. Es wird die Verteilung der Positronen im Gehirn gemessen, was Rückschlüsse z. B. auf den lokalen Sauerstoffverbrauch und die lokale Durchblutung ermöglicht. Man erhält ein ›dreidimensionales‹ Bild, an dem man mit nur wenigen Minuten Zeitverzögerung die z. B. bei geistigen Leistungen aktiven Gehirnteile von den weniger oder nicht aktiven unterscheiden kann. Die funktionelle Magnetresonanztomografie (fMRT) kommt ohne radioaktive Substanzen aus. Sie macht sich die Unterschiede in den magnetischen Eigenschaften von sauerstoffreichem und sauerstoffarmem Blut zunutze.

Durch einen starken Magneten wird über dem Kopf einer Versuchsperson ein starkes Magnetfeld mit der Flussdichte von 1,5 bis 7 Tesla (1 Tesla entspricht der 10 000 fachen Stärke des Erdmagnetismus) erzeugt (Bellebaum et al., 2012, S. 24). Das Prinzip der fMRT beruht auf den besonderen elektromagnetischen Eigenschaften der Wasserstoffkerne, die aus einem Proton bestehen.

> »In Abhängigkeit von ihrer Verteilung im Gehirngewebe und anderen sie umgebenden Molekülen geben [diese] Protonen nach Anregung mit hochfrequenter elektromagnetischer Strahlung (Radiowellen) ihrerseits Radiowellen mit einer bestimmten Frequenz ab, die zur Rekonstruktion eines Bildes vom Gehirn genutzt werden können« (Kiefer, 2009, S. 244–245).

Eine ausführliche allgemeinverständliche Darstellung der physikalischen und physiologischen Grundlagen gibt Kiefer (ebd., 245–246).

Ein dreidimensionales Bild der Hirnaktivität entsteht durch die Aufnahme mehrerer Schichten, die schließlich übereinander projiziert werden. Die fMRT-Messungen basieren auf dem Umstand, dass aktive Neurone Sauerstoff benötigen. Das bedeutet, dass während einer neuronalen Aktivität der Blutfluss in der betreffenden Hirnregion ansteigt:

> »Wenn Nervenzellen elektrisch aktiv sind, weisen sie einen erhöhten Zellstoffwechsel auf, da für die elektrischen Vorgänge an der Zellmembran Energie bereitgestellt werden muss. Diese wird aus einer Oxydation von Glucose gewonnen. Der erhöhte Sauerstoffverbrauch führt kurzfristig zu einem Sauerstoffmangel. Bald wird aber mit dem Blutkreislauf vermehrt Sauerstoff in die aktiven Hirnregionen transportiert, so dass ein Sauerstoffüberschuss entsteht. Diese Veränderung des Blutflusses bzw. des Sauerstoffgehalts vollzieht sich lokal in den entsprechenden Hirnregionen durch eine Erweiterung der feinen Kapillargefäße und zeigt dadurch auf indirekte Art und Weise Hirnaktivität an« (ebd., S. 247).

Der auf diesem Wege gewonnene Kennwert wird BOLD-Signal (Blood Oxygenation Level Dependent) genannt.

Zu bedenken ist, dass das BOLD-Signal ein äußerst träges Signal ist. Der Aufbau beginnt ein bis zwei Sekunden nach Einsetzen der elektrischen Aktivität, der Gipfel wird nach etwa sechs Sekunden erreicht und es dauert ungefähr 15 Sekunden, bis das Signal wieder abgeklungen ist (ebd., S. 249). Dabei muss man in Rechnung stellen, dass psychische Prozesse, wie die kognitive Psychologie eindrucksvoll demonstriert hat, im Millisekundenbereich ablaufen

(Jäncke, 2012, S. 96), also um ein Vielfaches schneller, als das BOLD-Signal sie abbilden kann. Da anzunehmen ist, dass in einem gegebenen Zeitintervall von mehreren Sekunden viele psychische Prozesse ablaufen, die alle wieder ihr eigenes BOLD-Signal erzeugen, ist eine eindeutige Zuordnung von einem gemessenen BOLD-Signal zu einem ganz bestimmten psychischen Vorgang unmöglich.

Jäncke (2012, S. 96) weist auch darauf hin, dass im Affenversuch die Korrelationen zwischen der elektrischen Aktivität von Neuronen-Gruppen und dem BOLD-Signal bloß zwischen r = 0.45 und r = 0.52 liegen.

> »Wenn man darüber hinaus auch noch bedenkt, dass das BOLD-Signal von einer Reihe von nicht elektrischen Faktoren abhängt (z. B. Konzentration des Sauerstoffs im Blut; Kaffeekonsum, Nikotinkonzentration, Hormonzyklen etc.), so muss man zu dem Schluss kommen, dass man mit dem BOLD-Signal kein perfektes neurophysiologisches Signal zur Verfügung hat, das einem Auskunft über die neurophysiologische Erregung gibt. Insofern sollte man im Zusammenhang mit fMRT- Untersuchungen nicht mehr von Erregung oder Hirnaktivierung, sondern eher von Durchblutungsveränderung sprechen« (ebd.).

Was letztlich in eine bildliche Darstellung übertragen wird, sind keine absoluten, sondern Differenzwerte. Die Veränderung des BOLD-Signals unter experimentellen Bedingungen wird in Beziehung gesetzt zu einer Baseline-Bedingung. Wenn also die Amygdala-Region rot eingefärbt dargestellt wird, sagt das nichts über den absoluten Grad der Aktivierung aus: Angezeigt ist nur das Ausmaß der Veränderung zur Baseline-Bedingung. Auf welchem Niveau diese Veränderung zu liegen kommt, bleibt bei der Differenzmethode unberücksichtigt. Zu bedenken ist, dass, wenn man z. B. eine kognitive Aufgabe löst, die durch die experimentelle Bedingung hervorgerufenen Effekte in Relation zur Baseline-Bedingung weniger als 5% der Grundaktivität des Gehirns ausmachen (Raichle, 2010). »Bildhaft gesprochen, verhält es sich mit der Differenzmethode etwa so ähnlich, als wäge man eine Yacht mit Kapitän und dann die Yacht alleine, um herauszufinden wie schwer der Kapitän ist« (Hasler, 2012, S. 47).

Ein weiterer Gesichtspunkt ist bedeutsam. Tatsächlich bleibt, was vor allem für ein interessiertes Laienpublikum bzw. für Angehörige angrenzender Nachbardisziplinen nicht direkt einsehbar ist, in den meisten neurowissenschaftlichen

Publikationen unklar, *was* mit einem Hirnbild überhaupt dargestellt wird. Der unkundige Rezipient wird im Glauben gelassen, es handle sich um die Abbildung der Hirnaktivität einer konkreten Person; realiter werden aber zumeist Durchschnittsmessungen an einem vielfach gemessenen Gehirn, oft aber auch Vielfachmessungen an vielen Gehirnen abgebildet.

Vergegenwärtigen wir uns die Ausgangssituation: Das, was in einem Versuchsdurchgang im Scanner vom Computer als Ergebnisse ausgeworfen wird, sind Tausende von Messwerten; jeder einzelne Messwert ist wiederum das Resultat einer Subtraktion von Ergebnis (Versuchsbedingung) minus Ergebnis (Baseline). Für die Umsetzung in eine bildliche Darstellung ist in den ursprünglichen fMRT-Daten keine ›strukturelle‹ Information enthalten. Um fMRT-Messdaten auch Hirnstrukturen zuordnen zu können, muss ihnen sozusagen ein anatomisches Bild untergelegt werden. Es braucht also ein ›Referenzgehirn‹, durch das die Zahlen des fMRT-Scans erst sinnvoll zu interpretieren sind. Um exakte Zuordnungen zu ermöglichen, müsste also zu jedem fMRT-Scan ein entsprechender MRT-Scan erfolgen und beide Messungen an ein und derselben Versuchsperson aufeinander bezogen werden. In der tatsächlichen Forschungspraxis ist dieses Verfahren zu aufwendig; man verwendet eine Art ›Abkürzungsstrategie‹, indem man im Internet verfügbar gemachte Durchschnittshirne als Referenz heranzieht. Problematisch ist, dass individuelle Gehirne anatomisch sehr verschieden sein können. Weil die individuellen Abweichungen so groß sind, können in Bezug auf Hirnstrukturen, die sehr klein sind und nur wenige Millimeter voneinander entfernt liegen, nur sehr ungenaue Angaben gemacht werden. Von daher erklärt sich, dass einzelnen Hirnstrukturen oft sehr verschiedene Funktionen zugeschrieben werden, wobei einige dieser Zuschreibungen einander sogar widersprechen. Ein Konsens zwischen unterschiedlichen Forschergruppen ist unter diesen Bedingungen kaum zu erzielen (Schleim, 2011).

Dementsprechend sind die Reliabilitätskoeffizienten für fMRT im Zusammenhang mit psychologischen Untersuchungen sehr niedrig. Sie liegen für recht einfache Wahrnehmungsexperimente im Bereich $r = 0.5$. Bei Experimenten, bei denen höhere psychische Funktionen (z. B. Entscheidungen oder emotionale Reaktionen) untersucht wurden, sind die Reliabilitätskoeffizienten der fMRT-Messungen »erschreckend niedrig«: $r = 0.0$ bis 0.5 (Jaencke, 2012, S. 97). Dazu kommt, dass die Reliabilitätskoeffizienten offenbar davon abhängen, welche Scanner verwendet werden. Daten aus einfachen sensomotorischen Experimenten, die nicht am selben Scanner, sondern an verschiedenen Apparaten durchgeführt wurden, ergeben Werte von nicht größer als r = 0,22 (Friedman et al., 2008). Zudem ist zu sehen, dass die Reliabilitätskoeffizienten auch unmittelbar vom Untersuchungsdesign abhängig sind – sie variieren aber auf niedrigem Niveau. In der Studie von Bennett und Miller (2013) liegen die Koeffizienten zwischen r = 0.14 und r = 0.46. Gute psychologische Testverfahren haben eine Reliabilität von r = 0.9.

Außerdem weist Jaencke (2012, S. 91) darauf hin, dass verschiedene Forschergruppen ihre eigenen Befunde nicht mehr replizieren konnten. Schleim (2011, S. 92) zitiert in diesem Zusammenhang den renommierten britischen Psychiater Sean A. Spence, der nach einer »ausführlichen Sichtung der Literatur« zum Thema fMRT-Lügenforschung zu einem »ernüchternden Fazit« kommt:

> »bestimmte zentrale Probleme bleiben bestehen, nicht zuletzt die Abwesenheit der Replikationen der eigenen Schüsselergebnisse der Forscher. Wir können kein einziges Beispiel für diese grundlegende Anforderung in der vorhandenen fMRT-Literatur identifizieren« (Spence, 2008, zit. n. Schleim, 2011, S. 92).

Neurowissenschaftler werden diesen Einwänden damit begegnen, dass dies eine Frage der Verbesserung der apparativen Methoden sei. Mit verbesserter Technik lässt sich aber offenbar zunächst nichts anderes zeigen, als dass die bisherigen Befunde der Neurowissenschaften irrelevant sind. Zu den beliebten Forschungsgegenständen der Neurowissenschaftler gehört die Aufzeichnung der Aktivität der Amygdala. Der an der medialen Spitze des Temporallappens gelegene Mandelkern wird mit der emotionalen Einfärbung des Erlebens, insbesondere aber auch mit der Entstehung von Angst in Zusammenhang gebracht. Boubela et al. (2015) weisen in einer vielbeachteten Studie mithilfe einer verbesserten fMRT-Technik nach, dass die Messung der Amygdala-Aktivität in den bisherigen facheinschlägigen Studien mit dem Blutfluss in der Rosenthal-Vene konfundiert ist – einer Vene, die die Amygdala umschließt, aber mit der Blutversorgung des Mandelkerns gar nichts zu tun hat. Man denke an die vielen neurowissenschaftlichen Studien über Angstzustände! Kein Mensch weiß, was dabei eigentlich gemessen wurde. Die Österreichische Wochenzeitung Profil titelte in diesem Zusammenhang – und das buchstäblich zu Recht: »Neuroforschung: Ein Fehler stellt Tausende Gehirnstudien infrage«.

5.3 Kausale Beziehungen: Läsionsforschung

Mit den bisher erörterten Methoden können nur korrelative Beziehungen zwischen Hirnaktivität und Erleben dargestellt werden. Kausale Beziehungen sind nur über Läsionen zu behaupten, allerdings, wie wir sehen werden, nur sehr eingeschränkt. Eben das ist ein entscheidender Kritikpunkt: Die weitgehenden Folgerungen, die aus der Läsionsforschung gezogen werden, sind weder logisch noch empirisch zu begründen.

Was die empirische Seite betrifft, sind allein schon die Ungereimtheiten in der Darstellung des historischen Paradefalls neurowissenschaftlicher ›Persönlichkeitsforschung‹ irritierend. Antonio R. Damasio (1995, S. 25–40) gibt im ersten Kapitel seines Sachbuch-Bestsellers *Descartes' Irrtum* eine sehr umfassende Darstellung der oft erzählten und zitierten Geschichte des Eisenbahnarbeiters Phineas P. Gage, dem an einem Sommertag des Jahres 1848, es war der 13. September, bei einer von ihm selbst durch Unachtsamkeit ausgelösten Explosion einer in einem Bohrloch angebrachten Sprengladung eine etwa einen Meter lange und sechseinhalb Kilo schwere, vorne zugespitzte Eisenstange den Schädel durchschlug. Das Geschoß drang durch die linke Wange ein, durchbohrte die Schädelbasis, durchquerte den vorderen Teil des Gehirns und trat durch die Schädeldecke wieder aus (ebd., S. 27). Wie durch ein Wunder hat Gage diesen Unfall nicht nur überlebt; trotz der Schwere seiner Verletzung war er bei Bewusstsein geblieben und konnte sogar unmittelbar danach reden, gehen und sich vernünftig verhalten (ebd., S. 29). Vom weiteren Verlauf seiner Krankengeschichte wissen wir über den Bericht Bescheid, den sein behandelnder Arzt, Dr. John M. Harlow, zwanzig Jahre nach dem Unfall und acht Jahre nach dem Tod des Patienten für einen Vortrag vor der Massachusetts Medical Society angefertigt hat. Harlow (1869) beschrieb darin, dass sein ehemaliger Patient, der zwei Monate nach dem Umfall physisch wieder völlig hergestellt war, im Laufe der Zeit eine dramatische Veränderung seiner Persönlichkeit zeigte: Der vormals so besonnene und charakterfeste Mann war – die folgende Zitate sind der Übersetzung in der deutschen Ausgabe des Buches von Damasio (1995, S. 30–31) entnommen –, »sobald die akute Phase seiner Hirnverletzung abklang«, jetzt »launisch, respektlos«, er fluchte »manchmal auf abscheulichste Weise«, erwies »seinen Mitmenschen wenig Achtung«, reagierte »ungeduldig auf Einschränkungen und Ratschläge«, wenn sie seinen Wünschen zuwider liefen, war »gelegentlich entsetzlich halsstarrig, und doch launenhaft und wankelmütig«, machte »ständig Zukunftspläne, die er, kaum gefasst, schon wieder [fallenließ]«. »Während er sich in seinen geistigen Fähigkeiten und Äußerungen auf der Entwicklungsstufe eines Kindes« befand, hatte »er doch die animalischen Leidenschaften eines starken Mannes« (zit. n. ebd., S. 31). Kurz und gut, auf eine Formal gebracht: »Gage war nicht mehr Gage« (ebd., S. 30)!

Was die heutige Neurowissenschaft an dieser Geschichte so fasziniert, ist der Umstand, dass offenbar »infolge einer Hirnschädigung [d.i. einer Schädigung des Stirnhirns, genauer des orbito- und ventromedialen präfrontalen Kortex] soziale Konventionen und moralische Regeln ihre Verbindlichkeit verlieren, ohne dass allem Anschein nach grundlegende geistige und sprachliche Fertigkeiten beeinträchtigt sind« (ebd., S. 34).
Schleim (2011, S. 75–84) hat allerdings sehr zu Recht darauf aufmerksam gemacht, dass die Krankengeschichte des Phineas Gage von der Hirnforschung der Gegenwart sehr selektiv – d.h. aus der Sicht heutiger Annahmen über den Zusammenhang von Schädigungen des Frontallappens und dadurch ›verursachten‹ antisozialen Verhaltens geschönt – erzählt wird. Fakten, die nicht ins Bild einer organisch bedingten antisozialen Persönlichkeitsstörung passen, werden geflissentlich in der Bezugnahme auf das historische Material ausgespart: etwa die Beschreibung der Mutter, in der Gage »a great fondness [...] especially for children, horses and dogs« konzediert wurde (Harlow, 1869, S. 15) In diesen Kontext gehört auch eine Passage, in der Damasio aus dem Bericht Harlows zitiert, dass Gage Geschichten verbreitet habe, »die, allein seiner Phantasie entsprungen, jeder Grundlage entbehrten« (Damasio, 1995, S. 35). Was Damasio damit sagen will, ist, dass Gage aufgrund seiner Hirnverletzung zu einem notorischen Lügner geworden ist. Der Text, aus dem er vorgeblich zitiert, sagt aber etwas anderes: dass Gage nämlich als guter Onkel mit erfundenen Heldengeschichten seine Nichten und Neffen begeistert habe. Die von Damasio verstümmelt wiedergegebene Stelle lautet im Original:

> »His [Gage's] mother, a most excellent lady, now seventy years of age, informs me that Phineas was accustomed to entertain his little nephews and nieces with the most fabulous recitals of his wonderful feats and hair-breadth escapes, without any foundation except in his fancy« (Harlow, 1869, S. 14).

So erscheint vieles, was die Hirnforscher der Gegenwart über den alten Fall zu wissen glauben, plötzlich in einem anderen Lichte: die Selbstverständlichkeit

z. B., mit der der Umstand, »dass die Eisenbahngesellschaft« Gage »nicht weiterbeschäftigte, als er seine Arbeit wiederaufnehmen wollte« (Damasio, 1995, S. 32), auf die vermeintliche Persönlichkeitsstörung des Patienten und nicht auf die alltäglichen Gepflogenheiten des kapitalistischen Wirtschaftssystems zurückgeführt wird. Könnte es nicht gerade diese bittere Erfahrung des Arbeitsverlustes gewesen sein, die den braven Phineas Gage aus der Bahn geworfen hat? Dazu passt im Übrigen, dass es andere Fallgeschichten gibt, die zeigen, dass ein Patient trotz einer Schädelverletzung, bei der die gleichen Areale im Frontalhirn wie bei Gage betroffen waren, ein sozial völlig unauffälliges Leben führen konnte – vielleicht gerade deshalb, weil es für diesen Patienten ein stabiles soziales Umfeld gab, das ihn während seiner Genesung und in der Zeit danach unterstützte (Mataró et al., 2001; vgl. Schleim, 2011, S. 83–84).

Das Verbiegen von Fakten ist eine Sache; eine andere ist es, neue ›Fakten‹ zu erfinden. So werden Lücken im Bericht Harlows, dem in Bezug auf die letzten Lebensjahre seines früheren Patienten keine Informationen zur Verfügung gestanden hatten (Harlow, 1869, S. 15), von den selbst ernannten Verfechtern eines naturwissenschaftlich exakten Weltbilds ungehemmt mit ›neurologisch plausiblen‹ Phantasmen gefüllt:

> »Das San Francisco in den sechziger Jahren des vorigen Jahrhunderts stelle ich mir als überaus geschäftige Stadt vor, voller waghalsiger Unternehmer, die ihr Glück im Bergbau, der Landwirtschaft und in der Schifffahrt versuchten. Dort finden wir Gages Mutter und Schwester, letztere mit einem wohlhabenden Kaufmann am Ort verheiratet […], und dort hätte wohl auch der gute Phineas Gage hingehört. Doch antreffen würden wir ihn ganz woanders, wenn wir in der Zeit zurückreisen könnten. Trinkend und krakeelend würden wir ihm in einem übel beleumundeten Viertel begegnen, wo er nicht gerade mit den Wirtschaftskapitänen verkehrt […]. Er hat sich jener Schar von Gestrandeten angeschlossen, die, wie Nathaniel West [in seinem Roman Der Tag der Heuschrecke aus dem Jahr 1939] es Jahrzehnte später und ein paar hundert Kilometer weiter südlich ausdrücken sollte, ›nach Kalifornien gekommen waren, um zu sterben‹« (Damasio, 1995, S. 33).

Das ist ein Versuch in Literatur – Wissenschaft ist das keine mehr. Doch auch ein Roman vermag in der Welt der Neurowissenschaften einiges zu bewirken: Bei Gerhard Roth (1997, S. 211) findet sich die Schlussfolgerung, dass Gage die Fähigkeit verloren habe, jene »Handlungsabläufe zu wählen, die für sein Überleben am günstigsten waren. Die Folge war eine völlige Lebensuntüchtigkeit.« Harlows berühmter Bericht umfasst 20 Druckseiten; darin findet sich nichts – wirklich nichts! – worauf sich Roths Sätze beziehen könnten. Der Fehler ist verräterisch: Weil der Hirnforscher von vornherein zu wissen glaubt, dass eine Hirnschädigung, wie sie bei Gage vorlag, antisoziales Verhalten zur Folge haben muss, braucht er sich um weiter nichts mehr zu kümmern. Im Nachhinein erhält der Patient einfach jene Eigenschaften umgehängt, die mit antisozialem Verhalten assoziiert sind. Die ›wissenschaftliche‹ Kühnheit Roths verweist aber auf Probleme, die der Läsionsanalyse als empirischer Forschungsmethode grundsätzlich inhärent sind. Was infrage steht, ist die Generalisierbarkeit der erhobenen Befunde. Bellebaum et al. (2012) benennen die vielen Unklarheiten, die zur Vorsicht vor allzu weitgehenden Schlussfolgerungen gemahnen sollten:

> »Äußerst selten sind Läsionen [...] wirklich auf ein streng umschriebenes Hirnareal begrenzt, und interindividuelle Unterschiede in der Hirnanatomie und -struktur werden nicht immer adäquat berücksichtigt. Selbst bei eindeutig umschriebenem Läsionsort und assoziiertem kognitiven Funktionsausfall kann nicht zwingend geschlussfolgert werden, dass die betreffende Hirnregion für den kognitiven Prozess unabdingbar ist. Theoretisch ist es denkbar, dass eine benachbarte oder anatomisch verbundene Region eigentlich für den betreffenden Prozess maßgeblich verantwortlich ist, aber in ihrer Funktionsweise vor dem Hintergrund des unterbrochenen Informationsflusses eingeschränkt ist. Nicht zuletzt lässt sich in den wenigsten Fällen rekonstruieren, welches prämorbide Funktionsniveau bei den untersuchten Patienten vorlag« (ebd., S 17).

Das Zitat stammt aus einem Lehrbuch der Neuropsychologie. Bezeichnend ist, dass psychologisch relevante Faktoren im eigentlichen Sinn in die kritische Erörterung gar nicht einbezogen werden. Aus der Sicht neurowissenschaftlich orientierter Psychologen erschöpft sich die Biografie eines Patienten eben in der Berücksichtigung ihres »prämorbiden Funktionsniveaus«. Von der Lebenswelt der Menschen, von den sozialen Bezügen, in denen sie leben, wollen – oder besser vielleicht: können – sie offenbar nichts wissen.

Noch ein weiterer Aspekt erscheint problematisch: Bei Läsionsstudien handelt es sich stets um Post-hoc-Interpretationen. Wenn z.B. Persönlichkeitsveränderungen mit einem Tumor im Frontalhirn in Verbindung gebracht werden, so werden nur jene Fälle in Betracht gezogen, in denen eine solche Persönlichkeitsveränderung tatsächlich vorliegt. Die anderen Fälle – Tumorerkrankung ohne Persönlichkeitsveränderungen – geraten dabei gar nicht in den Blick.

Zum Abschluss sei noch auf das logische Schlussverfahren eingegangen, das der Läsionsanalyse zugrunde liegt. Der dabei postulierte Zusammenhang lässt sich in Form eines konditionalen Syllogismus auffassen. Für konditionale Syllogismen gilt, dass nur zwei Schlussformen – der *modus ponens* und der *modus tollens* – zu notwendig wahren Schlüssen führen. Wir wollen das konkret erläutern. Die Läsionsforschung setzt folgende Wenn-Dann-Beziehung voraus: Wenn eine Läsion eines bestimmten Hirnareals vorliegt, wird ein Ausfall einer bestimmten psychischen Funktion folgen.

Wahre Schlüsse im Sinne der formalen Logik sind nun:

(A)
Modus ponens:
(1) Obersatz
Wenn eine Läsion eines bestimmten Hirnareals vorliegt, wird ein Ausfall einer bestimmten psychischen Funktion folgen.
(2) Untersatz
Eine Läsion liegt vor.
(3) Schluss:
Ein Ausfall liegt vor.

(B)
Modus tollens
(1) Obersatz
Wenn eine Läsion eines bestimmten Hirnareals vorliegt, wird ein Ausfall einer bestimmten psychischen Funktion folgen.
(2) Untersatz:
Ein Ausfall liegt nicht vor.
(3) Schluss:
Es liegt keine Läsion vor.

Alle übrigen möglichen Schlussfiguren sind nicht zwingend wahr. Insbesondere nicht der Schluss, dass keine Läsion (also ein intaktes Hirnareal) notwendig ein entsprechendes Erleben (das Bestehen der Funktion) bedingt.

(1) Obersatz
Wenn eine Läsion eines bestimmten Hirnareals vorliegt, wird ein Ausfall einer bestimmten psychischen Funktion folgen.
(2) Untersatz:
Es liegt keine Läsion vor.
(3) Schluss:
Es liegt kein Ausfall vor.

Das bedeutet, dass die Hirnforschung dazu tendiert, die eigentlich zu behauptende konditionale Beziehung zwischen Läsion und Ausfall einer Funktion fälschlicherweise im Sinne einer bikonditionalen Beziehung (›wenn dann und nur dann‹) zu repräsentieren.

Kapitel 6

Willensfreiheit

Von den Neurowissenschaftlern werden einige wenige experimentelle Befunde zu sehr kühnen Schlussfolgerungen herangezogen: So glaubt der Großteil der Hirnforscher daran, dass die Rede von der Freiheit unseres Willens eine Illusion und letztlich wissenschaftlich erledigt wäre. So etwa Wolf Singer gleich unter dem bezeichnenden Titel *Verschaltungen legen uns fest. Wir sollten aufhören von Freiheit zu reden* (Singer, 2004). Von der vierten großen Kränkung der Menschheit durch die Wissenschaft ist gar die Rede: Nachdem Kopernikus die Erde aus der Mitte des Universums gestoßen, Darwin die Herkunft des Menschen von tierischen Vorfahren behauptet und Freud als dritte Kränkung gezeigt hat, dass das Ich nicht Herr im eigenen Hause ist, kommt nun als Viertes die Abschaffung des freien Willens durch die moderne Neurowissenschaft hinzu. Welche Anmaßung: Ein kleiner Geist wird auch dadurch nicht größer, wenn er sich in eine Reihe mit wirklich großen Geistern fantasiert!

Man muss genau sein, um zu erkennen, was gemeint ist, wenn ein Hirnforscher den freien Willen zur Illusion erklärt. In den weiter unten im Text ausführlich vorgestellten Experimenten von Benjamin Libet würde sich zeigen, dass ein freier Willen nicht existieren kann. Diese Formulierung ist natürlich unsinnig. Zweifellos existiert ein freier Wille. Was die Hirnforscher meinen, ist, dass er nur in der phänomenalen, nicht aber in der physischen Welt existiert. Wenn wir hier und jetzt einen Finger heben oder das Handgelenk kippen, dann erleben wir uns unzweifelhaft als den Urheber dieser Handlung und wir erleben diese Handlung nicht als durch Naturgesetze erzwungen, sondern als frei, als von uns in diesem Augenblick gewollt. Der Hirnforscher versucht uns nun zu erklären, dass wir uns eben darin täuschen. Wir erleben uns als frei, ›in Wirklichkeit‹ ist unser Handeln aber zu jedem Zeitpunkt durch Umweltbedingungen und die automatisch ablaufenden Kausalketten neuronaler Aktivität festgelegt. Oder anders formuliert: Die Vorgänge im Gehirn sind – wie die Vorgänge in der physischen Welt überhaupt – determiniert. Jeder aktuelle Zustand des Gehirns ist durch vorangehende Zustandsänderungen – die wiederum selbst durch Sinneswahrnehmungen oder Lernvorgänge verursacht sind – eindeutig bestimmt. Für den freien Willen scheint in dieser von deterministischen Naturgesetzen beherrschten Welt prinzipiell kein Platz zu sein.

Was jetzt noch fehlt, ist der Schlussstein des Glaubenssystems: dass nämlich die Gehirnvorgänge auch die psychischen Vorgänge, die an sie gebunden sind, determinieren und damit eindeutig festlegen. Wenn ich mich als Urheber einer Handlung erlebe, so bedeutet das für den Hirnforscher, dass die Idee meiner Urheberschaft durch ganz bestimmte neurologische Aktivitätsmuster in meinem Gehirn bedingt ist. Wobei die Ursache (die neurologischen Aktivitätsmuster) der Wirkung (der kognitiven Repräsentanz meiner Urheberschaft) zeitlich vorangehen muss: Der Hirnvorgang ist also immer *vor* der psychischen Aktivität, die durch ihn determiniert ist. Die Vorstellung, dass ich der Urheber meiner Handlung bin, kann in diesem Weltbild also nur als etwas Nachträgliches aufgefasst werden; als eine Wirkung, die – weil die Neurowissenschaft fest auf dem Boden des monistischen Materialismus steht – selbst keine Ursache mehr sein kann.

Wenn das Psychische nichts für unser Handeln zu leisten vermag, dann stellt sich die Frage, warum es überhaupt existiert. Oder besser: welche Funktion dem Psychischen in der Welt der Hirnforschung zukommen kann. Eigentlich keine! Unsere Konstruktionen und Erfindungen – und nicht nur die des Selbst oder des Ich – sind nichts als eine Luxierung der Natur, überflüssiger Zierrat: ohne Funktion, d. h. ohne Bedeutung (vgl. die Ausführungen zum Epiphänomenalismus in Kapitel 2). Weil aber auch das Denken der Hirnforscher Psychisches ist, so können auch die Konstruktionen der Hirnforschung nichts anderes sein als – luxierender Unsinn!

Aber kann das stimmen? Der Großteil der Hirnforscher sieht sich durch Libets Experiment und die entsprechenden Nachfolgeuntersuchungen in ihrer Ansicht bestätigt, dass der Wille nur ein kausal bedeutungsloses Epiphänomen ist. Es ist interessant zu sehen, dass im Manifest von 2004, das die Grundüberzeugungen eben dieser Gruppe von Neurowissenschaftlern zur Darstellung bringt, auf mögliche Anwendungen der Forschung verwiesen wird, die – wie leicht zu zeigen ist – genau diesen Grundüberzeugungen zu widersprechen scheinen. Im Manifest ist z. B. von »Neuroprothesen«, die »wie intelligente Ersatzgliedmaßen« funktionieren werden, die Rede (Elger et al., 2004, S. 36). Tatsächlich ist die damit versprochene technische Entwicklung heute unter dem Stichwort »Brain-Computer-Interface« ein gutes Stück weit realisiert worden. Das Grundprinzip dieser Technik ist, dass Bewegungsvorstellungen von z. B. arm- oder beinamputierten Patienten über ein Interface an den Körper angelegte Prothesen steuern: Die durch eine Bewegungsvorstellung ausgelösten neuronalen Aktivitätsmuster im motorischen Cortex werden mittels EEG aufgezeichnet und in Computersignale umgewandelt. Der Computer reguliert dann die Bewegung der künstlichen Gliedmaßen. Ganz offensichtlich steht am Beginn des ganzen Ablaufs ein psychischer Akt: Der Patient muss seine Prothese in bestimmter Weise bewegen wollen. Ohne dieses Wollen geht gar nichts. Wie aber ist das zu verstehen? Wie soll so etwas funktionieren, wenn dieselben Hirnforscher, die solcherlei Anwendung der Resultate ihrer Grundlagenforschung sich herbeisehnen, wissenschaftlich nachgewiesen haben, dass das Wollen Handlungen gar nicht kausal determinieren kann! Hätten die Techniker den wissenschaftlichen Aussagen der Neurowissenschaftler über den »freien Willen« geglaubt, dann hätten sie solche Apparaturen erst gar nicht zu bauen begonnen.

Die nachfolgende Darstellung zeigt, dass es sich bei dem Verhältnis von Willensfreiheit und Determinismus um ein im Eigentlichen komplexes philosophisches Problem handelt. Sie zeigt, dass die Neurowissenschaft eine durchaus denkbare Lösung bietet, wenn auch eine, die einer kritischen Nachprüfung nicht standhält.

6.1 Überblick über mögliche philosophische Positionen zu Freiheit und Determinismus

Im Folgenden geben wir Auszüge aus der Arbeit von Ansgar Beckermann (2012), die eine gute Übersicht über die einzelnen Positionen in der Willensfreiheitsdebatte bietet. Unserer Ansicht nach ist es nicht erforderlich, sich für eine bestimmte Position zu entscheiden; es reicht aus, wenn man die verschiedenen Positionen und die logischen Konsequenzen, die sich aus ihnen ergeben, kennt und ihre Vorteile und Nachteile gegeneinander abwägen kann. Diese Positionen legen letztlich fest, was wie, d. h. mit welchen Methoden sinnvollerweise in der Psychologie empirisch zu untersuchen ist.

Nach Beckermann geht es bei der Diskussion über Freiheit und Determinismus um zwei voneinander fein säuberlich zu unterscheidende Fragen:

> »Um die *begriffliche* Frage, welche Bedingungen erfüllt sein müssen, damit eine Entscheidung als frei angesehen werden kann, und um die *faktische* Frage, ob und wann diese Bedingungen in unserer Welt tatsächlich erfüllt sind.
> Weitgehend unumstritten ist, dass eine Entscheidung folgende Bedingungen erfüllen muss, um als frei gelten zu können:
> 1. *Die Person, die sich entscheidet, muss eine Wahl zwischen* Alternativen *haben; sie muss sich anders entscheiden können, als sie es tatsächlich tut.* (Die Bedingung alternativer Möglichkeiten)
> 2. *Welche Wahl getroffen wird, muss entscheidend* von der Person selbst *abhängen.* (Urheberschaftsbedingung)
> 3. *Wie die Person handelt oder entscheidet, muss* ihrer Kontrolle *unterliegen. Diese Kontrolle darf nicht durch Zwang ausgeschlossen sein.* (Kontrollbedingung)
>
> Heftig umstritten ist aber, wie diese Bedingungen genau zu verstehen sind, und insbesondere, ob diese Bedingungen erfüllt sein können, wenn der *Determinismus* wahr ist, d. h., wenn es für jedes Ereignis *E* eine Menge von Ereignissen gibt, auf die *E* mit (naturgesetzlicher) Notwendigkeit folgt.
>
> Philosophen, die meinen, dass die Bedingungen 1.–3. auch in einer deterministischen Welt erfüllt sein können, nennt man Kompatibilisten, Philosophen, die das bestreiten, Inkompatibilisten. Inkompatibilisten, die der Meinung sind, dass es in unserer Welt freie Entscheidungen gibt (und dass daher der Determinismus falsch sein muss), nennt man *Libertarier*. Kompatibilisten, die davon überzeugt sind, dass es in unserer Welt freie Entscheidungen gibt, obwohl der Determinismus wahr ist, werden manchmal auch als weiche Deterministen bezeichnet. Philosophen, die glauben, dass unsere Entscheidungen niemals frei sind, heißen *Freiheitsskeptiker*. [...]
>
> Inkompatibilismus
> Kann mein Wille in einer deterministischen Welt frei sein? Auf den ersten Blick scheint alles dafür zu sprechen, dass das nicht möglich ist. Wie soll es möglich sein, dass ich mich anders entscheide, wenn durch frühere Ereignisse determiniert

ist, wie ich mich entscheide? Wie kann ich der Urheber meiner Entscheidungen und Handlungen sein, wenn diese letztendlich auf frühere Ereignisse zurückgehen? Und wie kann ich *Kontrolle* über meine Entscheidungen und Handlungen haben, wenn sie doch durch andere Ereignisse völlig determiniert sind?

Der Determinismus impliziert, dass sich die Welt zu jedem Zeitpunkt nur auf genau eine Weise weiter entwickeln kann. [...] Freiheit scheint jedoch vorauszusetzen, dass die Zukunft insofern offen ist, als es zumindest manchmal von uns abhängt, wie es weiter geht. Wenn es Freiheit gibt, scheint es im Weltverlauf also Zeitpunkte geben zu müssen, an denen es so oder so weiter gehen kann, an denen der weitere Weltverlauf nicht durch vorangegangene Ereignisse determiniert ist, sondern davon abhängt, wie wir uns entscheiden und was wir tun.[...]

Auf den ersten Blick stellt sich die Sache also so dar. Wenn es Freiheit gibt, dann kann der Weltverlauf nicht determiniert sein. Denn wenn der Determinismus wahr ist, kann keine der für Freiheit charakteristischen Bedingungen erfüllt sein:

- *Wenn der Determinismus wahr ist, kann ich mich niemals anders entscheiden, als ich es tue.*
- *Wenn der Determinismus wahr ist, gehen meine Entscheidungen und Handlungen nicht auf mich zurück, sondern auf die vorhergehenden Ereignisse, durch die sie determiniert sind.*
- *Und wenn der Determinismus wahr ist, habe ich keine Kontrolle über meine Entscheidungen und Handlungen, weil es ja nicht von mir, sondern von anderen Ereignissen abhängt, wie ich mich entscheide und wie ich handele.*

[...]

Libertarianismus

Es sprechen also gute Gründe für den Inkompatibilismus; aber sprechen auch gute Gründe für die Position des Libertariers? Ein erstes Problem ergibt sich für den Libertarier daraus, dass Freiheit offenbar nicht nur mit dem Determinismus, sondern auch mit Indeterminiertheit unvereinbar ist. Wenn an einem bestimmten Punkt des Weltverlaufs nicht determiniert ist, ob ich die Handlung A oder die Handlung B ausführe, wird man sicher nicht sagen, *ich* hätte *frei* gehandelt, wenn es bloßer Zufall ist, dass ich mich für A und nicht für B entscheide. In diesem Fall wird man vielmehr sagen, dass weder ich noch irgend jemand anderes für diese Handlung verantwortlich ist. Bloß zufällige Handlungen sind irrational und unerklärlich; und niemand kann für sie verantwortlich gemacht werden.

[...]

Freiheit setzt also nicht nur voraus, dass zumindest manchmal nicht naturgesetzlich determiniert ist, was ich tue. Freiheit steht auch im Gegensatz zu bloßer Zufälligkeit. [...] Neben naturgesetzlicher Determiniertheit und bloßem Zufall muss es also etwas Drittes geben; und für die meisten Libertarier ist dieses Dritte *Akteurskausalität*. Im libertarianischen Sinne ist also eine Handlung nur frei, wenn sie weder naturgesetzlich determiniert ist noch rein zufällig stattfindet, sondern *durch den Handelnden* selbst hervorgerufen wird. Freie Entscheidungen sehen für den Libertarier damit so aus: Wenn ich vor der Frage stehe, ob ich A oder B tun soll, habe ich in der Regel für beide Alternativen Gründe – also sowohl Gründe für A als auch Gründe für B. Aber weder diese Gründe noch andere Umstände determinieren meine Entscheidung. Vielmehr bin ich selbst es, der sich angesichts der Gründe für A oder für B entscheidet. Und nichts im vorherigen Weltlauf determiniert, wie ich mich entscheide.

[...]

Freiheit im Sinne des Libertariers setzt also voraus, dass zumindest an bestimmten Punkten im Weltverlauf durch den Zustand der Welt und die Naturgesetze nicht determiniert ist, wie es weitergeht, dass vielmehr ich es bin, der dies entscheidet, und dass diese meine Entscheidung *nicht selbst determiniert ist.*

[...]

Kompatibilismus

[...] In der Geschichte der Philosophie hat es immer wieder Philosophen wie *Thomas Hobbes* und *David Hume* gegeben, die der Meinung waren, dass für unsere Freiheit allein entscheidend sei, dass wir das tun können, was wir tun wollen, dass wir also nicht durch äußere Zwänge gehindert sind, die Handlungen auszuführen, für die wir uns entschieden haben (Hobbes, 1651 u. 1654; Hume, 1758, Abschn. 8, Teil 1). Diese Art von Freiheit wird *Handlungsfreiheit* genannt. Und es ist unbestritten, dass Handlungsfreiheit mit dem Determinismus vereinbar ist.

Dass Handlungsfreiheit nicht alles sein kann, ist allerdings schon von *Thomas Reid* gegen Hume eingewandt worden (Reid, 1788). Frei können wir uns nach Reid nur nennen, wenn wir nicht nur tun können, was wir wollen, sondern wenn wir auch bestimmen können, was wir wollen. Wirkliche Freiheit setzt voraus, dass wir bestimmen, aufgrund welcher Motive, Wünsche und Überzeugungen wir handeln; wenn Umstände, *die außerhalb unseres Einflussbereichs* liegen, bestimmen, welche dieser Beweggründe handlungswirksam werden, sind wir nicht frei. Für verantwortliches Handeln reicht Handlungsfreiheit also nicht aus, der Handeln-

de muss auch über *Willensfreiheit* verfügen – über die Fähigkeit, seinen eigenen Willen zu bestimmen, zu bestimmen, welche seiner Motive, Wünsche und Überzeugungen handlungswirksam werden sollen.
[…]

Dass Handlungsfreiheit nicht alles sein kann, ergibt sich auch aus unserer Einschätzung von Drogensüchtigen, Phobikern und Zwangsneurotikern. Drogensüchtige z. B. können tun, was sie wollen; sie sind in ihren Handlungen frei. Trotzdem machen wir sie nicht verantwortlich. Sie sind nicht äußerlich, sondern innerlich unfrei; sie unterliegen einem inneren Zwang. Denn der Drogensüchtige kann zwar tun, was er will, aber in seinem Willen, in seinen Entscheidungen ist er nicht frei. Sein Wille führt gewissermaßen ein Eigenleben. Auch wenn er sich anders entscheiden möchte, sein Wunsch, Drogen zu nehmen, wird sich durchsetzen. Der Drogensüchtige ist diesem Wunsch gewissermaßen hilflos ausgeliefert. Mit einem Wort: Was ihm fehlt ist *Willensfreiheit*. […]
[…]

Für Locke [1689, 2. Buch, Kap. 21] beruht Willensfreiheit darauf, dass wir – zumindest in vielen Fällen – die Fähigkeit besitzen, vor einer Entscheidung innezuhalten und zu überlegen, was wir in der gegebenen Situation tun sollten – was moralisch richtig wäre und was unseren wohlverstandenen Eigeninteressen am meisten nützen würde. Willensfreiheit setzt nach Locke also zum einen die Fähigkeit voraus, vor dem Handeln innezuhalten und darüber nachzudenken, was in der Situation zu tun richtig wäre. Doch das reicht noch nicht aus. Willensfreiheit setzt nämlich zweitens voraus, dass man dem Ergebnis der eigenen Überlegung gemäß entscheiden (und dann entsprechend handeln) kann. In ihrem Wollen frei ist eine Person also, wenn sie erstens die Fähigkeit besitzt, vor dem Handeln innezuhalten und zu überlegen, und wenn sie zweitens darüber hinaus die Fähigkeit besitzt, dem Ergebnis dieser Überlegung gemäß zu entscheiden und zu handeln. Kompatibilistisch ist diese Position, weil sie durchaus mit der Annahme vereinbar ist, dass die Entscheidungen und Handlungen einer Person mit kausaler Notwendigkeit dem Ergebnis ihrer Überlegungen folgen. Dies ist in Lockes Augen aber ›kein Mangel, sondern ein Vorzug unserer Natur‹. Denn wer kann schon ein Interesse daran haben, etwas anderes als das zu tun, was ihm bei reiflicher Überlegung als richtig erscheint. Wohl gemerkt: Entscheidend ist für Locke nicht, dass wir vor einer Entscheidung tatsächlich überlegen, sondern nur dass wir die Fähigkeit besitzen, vor der Entscheidung zu überlegen.
[…]

Ein großer Vorteil dieser Analyse ist, dass sie noch besser zum Fall des Drogensüchtigen passt. Was der Drogensüchtige beklagt, ist doch, dass er selbst dann, wenn er einsieht, dass die Drogensucht seine Gesundheit ruinieren wird, nicht anders kann, als sich für die Drogen zu entscheiden. Was dem Drogensüchtigen fehlt, ist also die Fähigkeit, so zu entscheiden, wie es aufgrund seiner eigenen Überlegungen richtig wäre. Er mag die Fähigkeit haben, zu überlegen und einzusehen, dass das, was er tut, ihm selbst schaden wird und dass es möglicherweise sogar unmoralisch ist. Doch auf seine Entscheidungen hat das keinen Einfluss. Sie werden durch Umstände determiniert, die durch solche Überlegungen nicht beeinflusst werden können. Außerdem passt Lockes Theorie auch sehr gut zu dem, was sich im Strafrecht zum Thema Verantwortlichkeit findet. Der §20 StGB lautet: ›Ohne Schuld handelt, wer bei Begehung der Tat wegen einer krankhaften seelischen Störung, wegen einer tiefgreifenden Bewusstseinsstörung oder wegen Schwachsinns oder einer schweren anderen seelischen Abartigkeit *unfähig ist, das Unrecht der Tat einzusehen oder nach dieser Einsicht zu handeln.*‹ (Hervorhebung – AB) Entscheidend ist also auch hier die Fähigkeit zur Einsicht in das Unrecht der Tat und die Fähigkeit, dieser Einsicht gemäß zu handeln.

Letzturheberschaft

Natürlich ist durch diese Überlegungen der Streit zwischen Inkompatibilisten und Kompatibilisten noch nicht entschieden. In letzter Zeit ist allerdings klarer geworden, wo eigentlich der Kern dieses Streits liegt. Gegen den Kompatibilismus hat z. B. Robert Kane auf Fälle hingewiesen, bei denen auf den ersten Blick alle Bedingungen im Sinne des Kompatibilisten erfüllt sind, in denen wir aber dennoch nicht von Willensfreiheit sprechen würden (Kane, 1998, S. 64–65). Diese Fälle fasst Kane unter dem Stichwort ›verborgene Kontrolle, die nicht als Einschränkung empfunden wird‹ (›covert nonconstraining control‹) zusammen.

Meistens merken wir, wenn wir in unserer Freiheit eingeschränkt sind. Wenn ich an einen Stuhl gefesselt bin oder mir jemand die Pistole auf die Brust setzt, weiß ich sehr wohl, dass ich nicht mehr frei bin in meinen Handlungen und Entscheidungen. Auch bei inneren Zwängen ist das in den meisten Fällen nicht anders. Der Süchtige, der Phobiker oder jemand, der zu Zwangshandlungen neigt, merkt, dass da etwas seiner Kontrolle entzogen ist. Sein Wille ist nicht sein Wille. Er fühlt sich fremdbestimmt, kann nicht so handeln oder sich entscheiden, wie er sich entscheiden möchte. Neben diesen Fällen gefühlter oder erkannter Unfreiheit gibt es aber auch Fälle, in denen wir uns unserer Unfreiheit nicht bewusst sind. Wenn wir aufgrund eines Befehls, der uns in Hypnose gegeben wurde, plötzlich unter den Tisch krabbeln, haben wir häufig nicht den Eindruck, unfrei zu sein. Wir bemerken gar nicht, dass uns jemand durch eine subtile Manipulation unserer Freiheit beraubt hat. Und dasselbe gilt z. B. für Fälle von Gehirnwäsche. Allerdings: Ähneln diese Fälle offenkundiger Unfreiheit durch unbemerkte Manipulation tatsächlich dem Fall, in dem wir durch natürliche Ursachen dazu gebracht werden, bestimmte Wünsche und Präferenzen zu haben, die dann zu bestimmten Entscheidungen führen? Kane sagt, dass sich diese beiden zumindest insoweit ähnlich sind, als wir in beiden der Fähigkeit beraubt werden, *die letzte Quelle und der Ursprung unserer eigenen Ziele und Absichten zu sein* [Kane, 1998, S. 70].

Dasselbe Motiv findet sich in Van Inwagens Konsequenz-Argument. Denn offensichtlich geht Van Inwagen (1983) von dem Grundsatz aus:

Ich kann ein Ereignis E nur kontrollieren, wenn ich auch die Ereignisse (oder zumindest einen entscheidenden Teil der Ereignisse) kontrollieren kann, die für das Zustandekommen von E verantwortlich sind.

Und was in diesem Grundsatz deutlich wird, ist ebenfalls eine bestimmte Idee von Letzturheberschaft, die für viele Inkompatibilisten den Kern von Freiheit ausmacht. Welche Entscheidungen ich treffe, das hängt von meinen Wünschen und Präferenzen und letzten Endes von meinem Charakter ab – davon, was für ein Mensch ich bin. Dies bestreitet auch van Inwagen nicht. Aber, fügt er hinzu: Frei können meine Entscheidungen nur dann sein, wenn meine Wünsche und Präferenzen ihrerseits auf mich und nicht auf Umstände zurückgehen, auf die ich keinen Einfluss habe. Die Frage ist aber, ob es wirklich sinnvoll ist anzunehmen, Personen könnten in diesem Sinne tatsächlich die letzte Quelle und der Ursprung aller ihrer Ziele und Absichten sein.

Diese Formulierung ist zumindest irritierend. Menschen kommen doch nicht als Wesen ohne alle Wünsche und Absichten auf die Welt, um sich dann die Wünsche und Präferenzen auszusuchen, die sie gerne haben würden. Das kann auch gar nicht sein; denn ein Wesen ohne Wünsche und Absichten hätte gar kein Motiv, sich überhaupt Ziele und Absichten zuzulegen, und es hätte auch keine Kriterien, nach denen es auswählen könnte.

[...]

Es kann [also] gar nicht anders sein, als dass wir schon mit einer beträchtlichen Zahl natürlicher Wünsche auf die Welt kommen – den Wünschen nach Essen, Geborgenheit, Zuwendung, usw. Und es ist offenbar nicht besonders sinnvoll zu sagen, die Natur manipuliere uns dadurch oder mache uns dadurch unfrei, dass sie uns diese Wünsche mit auf den Weg gibt. Unsere Freiheit beruht vielmehr darauf, dass sich in uns Menschen im Laufe der Zeit die Fähigkeit entwickelt hat, uns unserer Wünsche bewusst zu werden und über sie nachzudenken. So ist ein Entscheidungsmechanismus entstanden, der sowohl für Klugheitserwägungen als auch für moralische Argumente zugänglich ist. Frei sind wir, wenn dieser Mechanismus hinreichend ausgebildet ist und unsere Entscheidungen tatsächlich auf diesem Mechanismus beruhen. Unfrei sind wir dagegen bei Entscheidungen, die auf Wünschen beruhen, die durch diesen Mechanismus nicht ›gezähmt‹ werden können.

Damit zeichnet sich ein für die Debatte zwischen Kompatibilisten und Inkompatibilisten kennzeichnendes Grundmuster ab (vgl. Honderich 2002, S. 473). Inkompatibilisten sehen einen engen Zusammenhang zwischen Freiheit und Letzturheberschaft *(origination)*. Frei sind dieser Auffassung zufolge die Handlungen und Entscheidungen, die nur auf mich und nicht auf Umstände zurück gehen, die ich selbst nicht kontrollieren kann. Kompatibilisten dagegen betonen einen anderen Zusammenhang – den Zusammenhang zwischen Freiheit und Willentlichkeit *(voluntariness)*. Frei sind dem Kompatibilismus zufolge die Handlungen und Entscheidungen, die ich ausführe bzw. treffe, weil ich sie ausführen oder treffen will, die keinerlei inneren oder äußeren Zwängen unterliegen.

Im Gegensatz zur Idee der Willentlichkeit scheint die Idee der Letzturheberschaft aber äußerst problematisch. Sicher sind wir manchmal in der Lage, uns von den Wünschen und von den äußeren Umständen zu lösen, die unser Leben unmittelbar beeinflussen. Aber natürlich machen wir das nur, weil wir andere Wünsche haben und weil wir die Fähigkeit besitzen, unsere unmittelbaren Wünsche zu reflektieren und gegebenenfalls im Zaum zu halten. Weder von diesen Wünschen noch von der Fähigkeit zur Reflexion und zum Verzicht auf die Befriedigung unmittelbarer Bedürfnisse wird man sagen können, dass sie letzten Endes auf uns selbst zurück gehen. Viel plausibler ist die Annahme, dass beides zum Teil auf unserer biologischen Natur und, zum wohl größeren, Teil auf Erziehung beruht.
[…]

Freiheit und Verantwortlichkeit –
Freiheits- bzw. Verantwortlichkeitspessimismus

Dass die Idee der Letzturheberschaft inkohärent ist, ist […]das letzte und vielleicht entscheidende Argument gegen den Inkompatibilismus. Doch welche Schlüsse man aus dieser Tatsache ziehen kann, das hängt davon ab, ob man glaubt, dass Freiheit im Sinne von Willentlichkeit (kompatibilistische Freiheit) für Verantwortlichkeit ausreicht, oder ob man der Meinung ist, dass wirkliche Verantwortlichkeit Freiheit im Sinne von Letzturheberschaft (libertarianische Freiheit) voraussetzt. Obwohl sowohl die juristische als auch unsere Alltagspraxis für die erste Möglichkeit sprechen, meinen auch heute noch viele Philosophinnen und Philosophen, dass wir nur dann für etwas verantwortlich gemacht werden können, dass wir nur dann wirklich Belohnung und Strafe verdienen, wenn wir im libertarianischen Sinne frei sind. Wegen der Stärke der Argumente gegen den Libertarianismus neigt ein Großteil dieser Philosophinnen und Philosophen jedoch dazu zu leugnen, dass wir jemals für etwas wirklich verantwortlich sind. Aber kann man wirklich der Meinung sein, dass wir für unsere Entscheidungen und Handlungen nie verantwortlich sind?

Gegen diese Position hat Peter Strawson folgendermaßen argumentiert (Strawson, 1962). Wenn wir annehmen, dass wir nie frei und daher auch nie verantwortlich sind, dann bedeutet das nicht nur, dass wir die gesamte Praxis juristischer Verurteilung und Bestrafung neu überdenken müssen, dann gerät auch das alltägliche Verständnis unserer zwischenmenschlichen Beziehungen ins Wanken. Gegenüber unseren Mitmenschen nehmen wir nämlich ganz andere Einstellungen ein als unbelebten Dingen oder Maschinen gegenüber. Strawson nennt diese spezifisch personalen Einstellungen *reaktive Einstellungen*. Wir sind *dankbar* dafür, wenn uns jemand etwas Gutes tut; wir *nehmen es übel*, wenn er uns schadet oder nicht den nötigen Respekt entgegenbringt. Und nur Menschen können wir wirklich *lieben* und *hassen*. Nur mit Menschen können wir argumentieren; nur Menschen können wir zu überzeugen versuchen. Wenn wir jemandem etwas übel nehmen, setzt das aber voraus, dass wir ihn dafür verantwortlich machen können. Ich kann jemandem nicht übel nehmen, dass er mir auf den Fuß getreten ist, wenn ich feststelle, dass er gestoßen wurde und deshalb nichts dafür konnte. Und ich kann jemandem seine Taten nicht übel nehmen, wenn ich merke, dass er unter einer schweren psychischen Störung leidet, die es ihm grundsätzlich unmöglich macht, sein Verhalten zu kontrollieren. Diese Erkenntnis führt jedoch nicht nur im Einzelfall zu einer anderen Beurteilung des Verhaltens der betreffenden Person; sie führt dazu, dass ich meine Einstellung dieser Person gegenüber grundsätzlich ändere, dass ich beginne, sie nicht mehr als eine verantwortliche Person, sondern als einen Mitmenschen zu betrachten, der der Behandlung bedarf und dem gegenüber normale reaktive Einstellungen grundsätzlich unangemessen sind. Mit anderen Worten, ich beginne dieser Person gegenüber eine *objektive Einstellung* einzunehmen. Strawson sagt nun, dass es für uns eigentlich unmöglich ist, unseren Mitmenschen gegenüber immer nur die objektive Einstellung einzunehmen und niemals dankbar zu sein, nie jemandem etwas übel zu nehmen, keinen wirklich zu lieben oder wirklich zu hassen. Und selbst wenn es möglich wäre, wäre es in Strawsons Augen irrational, die normalen reaktiven Einstellungen aufzugeben. Denn dadurch würden wir mehr verlieren als gewinnen« (Beckerrmann, 2012, S. 267–285).

Ergänzungen und Kommentare

Pauen und Roth (2008) argumentieren für eine Vereinbarkeit von Freiheit und Determination. Die Autoren berücksichtigen allerdings nicht, dass ein Verhalten nur dann eine freie Handlung genannt werden kann, wenn dieses Verhalten nicht durch Naturgesetze mit Notwendigkeit herbeigeführt wird. In diesem Fall besteht offensichtlich keine Wahlfreiheit, wohl aber Determination. Umgekehrt impliziert der Begriff der freien Handlung, dass diese naturgesetzlich möglich ist, also nicht ihre Negation durch Naturgesetze mit Notwendigkeit kausal determiniert ist. Das Hauptproblem bei dieser Debatte besteht darin, dass der Begriff der Determination unscharf ist und mehrere Bedeutungen hat. Kompatibilisten und Inkompatibilisten verwenden diesen Begriff in unterschiedlicher Weise. Für Inkompatibilisten bedeutet Determination Bestimmung mit logischer Notwendigkeit, während Kompatibilisten – mit Ausnahme von Kant (vgl. weiter unten im Text) – einen schwachen Begriff von Determination haben. Determination bedeutet für sie Inklination (Neigung) im Sinne der *inclinationes naturales* von Thomas v. Aquin (1985). Der Begriff der Inklination lässt offen, ob es zu einer der Inklination entsprechenden Handlung kommt. Daher ist ein so gefasster Begriff von Determination mit Freiheit vereinbar.

Kant vertritt eine besondere Lehre der Willensfreiheit. Nach ihm ist die Autonomie des Willens

> »das alleinige Prinzip aller moralischen Gesetze und der ihnen gemäßen Pflichten. Alle Heteronomie der Willkür gründet dagegen nicht allein gar keine Verbindlichkeit, sondern ist vielmehr dem Prinzip derselben und der Sittlichkeit des Willens entgegen. In der Unabhängigkeit nämlich von aller Materie des Gesetzes (nämlich einem begehrten Objekte) und zugleich doch Bestimmung der Willkür durch die

bloße allgemeine gesetzgebende Form, deren eine Maxime fähig sein muss, besteht das alleinige Prinzip der Sittlichkeit« (Kant, Kritik der praktischen Vernunft, §8, Lehrsatz IV).

Wenn ich beschließe, meiner Frau immer im Haushalt zu helfen und meine Handlungen nach dieser Maxime ausrichte, so entspricht das, weil es verallgemeinerbar ist, dem kategorischen Imperativ, und ist von der Materie eines begehrten Objektes unabhängig.

Kritisch zur philosophischen Tradition ist anzumerken, dass die Philosophen die Fragen der Willensfreiheit übermäßig abstrakt behandeln. Insbesondere die Voraussetzung, dass wir in einer determinierten Welt leben, kann kritisch betrachtet werden. Wir leben nicht in der Wüste, wo wir von Hunger und Durst determiniert sind (im Sinne einer naturgesetzlichen Beziehung), sondern wir leben in Wohnungen, die im Gegensatz zu Gefängniszellen so gebaut sind, dass wir eine Fülle von Wahlmöglichkeiten haben, zwischen denen wir frei entscheiden können. Freiheit ist ein kultureller Begriff, er setzt Kultur voraus. Kultur ist auch Emanzipation von den Zwängen der Natur.

6.2 Determinismus

Der Determinismus ist aus dem Schicksalsglauben entstanden. Der Schicksalsglaube besagt, dass alle wesentlichen Ereignisse im menschlichen Leben vorherbestimmt sind. Es ist nicht möglich, seinem Schicksal zu entrinnen. Wenn der Mensch versucht, gegen das Schicksal zu handeln, so erfüllt sich gerade dadurch sein Schicksal; so in der Ödipus-Sage oder in der Odyssee. Die griechisch-römische Stoa lehrte, dass alle Ereignisse des menschlichen Lebens durch eine lückenlose Kette von Ursachen determiniert sind. Der Mensch kann nur die kausale Bestimmung seines Lebens innerlich akzeptieren und so zur Seelenruhe und Gelassenheit finden. Epikur kritisierte den Determinismus, indem er zeigte, dass er zu einem Selbstwiderspruch führt: »Wer sagt, alles geschehe mit Notwendigkeit, vermag demjenigen nichts vorzuhalten, der sagt, nicht alles geschehe mit Notwendigkeit. Denn ebendies, so behauptet er, geschehe mit Notwendigkeit« (Epikur, 1982, S 89).

Für den Bereich der Psychologie lässt sich sowohl der Determinismus als auch die Freiheit aus zwei einander entgegengesetzten alltagspsychologisch plausiblen

Denkweisen herleiten. Nach Bieri (2001) kann man sich die Gedankenkette, aus der der Determinismus resultiert, wie folgt darstellen:

> »Wir können auf unsere Taten zurückblicken: Wir sehen sie dann in ihrer [...] Bedingtheit und verstehen, wie sie sich aus den gegebenen Bedingungen in uns entwickelt haben. Diese Bedingungen sind die Motive unseres Handelns: unsere Wünsche, Gefühle, Gedanken, Überzeugungen und Erwartungen. Sie legen fest, was wir in einem bestimmten Moment tun. Und unsere Motive haben ihrerseits Vorbedingungen: Sie entwickeln sich aus dem, was in der Welt draußen geschieht, aber auch aus dem, was wir getan haben, und aus früheren Motiven. Diese Kette können wir in Gedanken zurückgehen, bis in die Zeit vor unserer Geburt: Immer wieder gibt es Bedingungen und Bedingungen für Bedingungen. Und da die Idee der Bedingtheit mit der Idee der Gesetzmäßigkeit verknüpft ist, gilt, dass auch unser Handeln Gesetzmäßigkeiten unterliegt« (ebd., S. 18).

Dieser auf die Vergangenheit gerichteten Denkweise widerspricht die Perspektive von innen, in der wir auf Gegenwart und Zukunft gerichtet sind. Aus ihr ergibt sich die Idee der Freiheit:

> »Da ist keine Linie vorgezeichnet. Ganz im Gegenteil, es macht unsere Freiheit aus, dass wir in ganz unterschiedliche Richtungen gehen können. Die Linie unseres Handelns hat eine Vielfalt möglicher Verzweigungen. Wir können überlegen, bevor wir etwas tun, und in diesem Überlegen zeigt sich ein Spielraum verschiedener Möglichkeiten, zwischen denen wir wählen können« (ebd., S. 19).

Kant hat in seiner dritten Antinomie in seiner *Kritik der reinen Vernunft* den Konflikt zwischen diesen beiden Denkweisen expliziert:

> »Thesis: Die Kausalität nach Gesetzen der Natur ist nicht die einzige, aus welcher die Erscheinungen der Welt insgesamt abgeleitet werden können. Es ist noch eine Kausalität durch Freiheit zur Erklärung derselben anzunehmen notwendig.
>
> Antithesis: Es ist keine Freiheit, sondern alles in der Welt geschieht lediglich nach Gesetzen der Natur« (A 443 – A 446).

Die Auflösung dieser Antinomie ist so möglich, dass die Kausalität nach Gesetzen der Natur sich nur auf die Welt der Erscheinungen bezieht, wogegen Freiheit eine transzendentale Idee ist. Daher ist nach Kant Freiheit mit Naturnotwendigkeit vereinbar (vgl. A 552 – A 559).

Die Kant'sche Lösung berücksichtigt allerdings nicht, dass Wahlfreiheit, d. h. die Entscheidung zwischen verschiedenen Handlungsweisen in Wahlsituationen auch zur Welt der Erscheinungen gehört. Für diesen Bereich kann man Wahlfreiheit annehmen. Freiheit im Sinne von Wahlfreiheit ist also ein Phänomen, kein Noumenon (Werbik, 1991).

In eine ähnliche Richtung scheint Wundt zu argumentieren: Er spricht – und zwar nicht nur in Bezug auf Wahlhandlungen, sondern überhaupt, in Bezug auf alles komplexe psychische Geschehen – vom schöpferischen Charakter des Psychischen: Psychisches ist für ihn nur durch Psychisches verursacht. Das ›Seelenleben‹ bildet also einen eigenen Kausalzusammenhang (»psychische Kausalität«), der nicht auf die in den Naturwissenschaften erarbeiteten Prinzipien »physischer Kausalität« reduziert werden kann. Und zwar deshalb nicht, weil Affekte und darin wurzelnde Willensvorstellungen eine Art »Kraft« darstellen, für die es in der naturwissenschaftlichen Betrachtung kein Pendant gibt. Psychische Vorgänge und Zustände sind komplexe Gebilde, in denen zu den Eigenschaften der in ihnen enthaltenen Komponenten neue hinzutreten. Dieser schöpferische Charakter der psychischen Aktivität bedeutet aber nicht Regellosigkeit oder Zufälligkeit. Im Gegenteil: Wie das Naturgeschehen so folgt auch das psychische Geschehen bestimmten Gesetzmäßigkeiten. Die Erschließung solcher psychologischen Gesetze hat aber eine von den Naturwissenschaften verschiedene Kausalbetrachtung zur Voraussetzung. Anders als bei psychischen ist bei physischen Vorgängen die Qualität der Wirkung in der Ursache vorgebildet. Das erlaubt progressive Kausalerklärungen. In der Psychologie hingegen ist stets der umgekehrte Weg einzuschlagen: Von gegebenen Wirkungen aus sind die sie verursachenden Bedingungen aufzusuchen. Wundt nannte das eine »regressive Kausalbetrachtung«. In der Naturwissenschaft sind daher Voraussagen möglich, in der Psychologie nicht (vgl. Benetka, 2002, S, 83–84).

Zu fragen ist, ob die modernen Naturwissenschaften tatsächlich progressive Kausalerklärungen im strengen Wundt'schen Sinne ermöglichen. Die Physik hat jedenfalls eine Entwicklung genommen, in welcher der Determinismus durch den Probabilismus ersetzt wurde. Diese Entwicklung vollzog sich gegen den Willen von Einstein, der in diesem Zusammenhang sagte, dass Gott nicht würfeln würde. Was Einstein damit gemeint haben könnte, hat Lorenzen (1974, S. 210ff) expliziert: Von Wahrscheinlichkeit ist nur dann zu sprechen, wenn man annimmt, dass die infrage stehenden Ereignisse so betrachtet werden können, als ob sie von einem Zufallsgenerator erzeugt worden wären (Vaihinger, 1911). Solche Überlegungen führen zwangsläufig zu einer konstruktivistisch wissenschaftskritischen Auffassung. So geht man in der heutigen Physik mehr und mehr davon aus, dass die Rede von einem determinierten System nur sinnvoll ist insofern, als sie die Einnahme einer bestimmten Perspektive beschreibt: Das Gehirn ist kein determiniertes System, es kann aber so beschrieben werden, also ob es ein solches wäre. Das Gleiche gilt für den Probabilismus: Ein System wird so betrachtet, als ob es sich um einen Zufallsgenerator handeln würde (z. B. in Bezug auf den radioaktiven Zerfall). Das bedeutet, dass beides, *Determinismus* und *Probabilismus*, Interpretationen sind, Denkweisen, die wir an die Ereignisse der Welt herantragen. Determinismus – und das gilt auch für alles, was damit in begrifflichem Zusammenhang steht, z. B. für Kausalität – ist also nicht in den Dingen selbst, sondern – wie bei Kant – in unserem Verstand, dessen Tätigkeit diese Dinge ordnet (A 77 – A 84).

6.3 Empirische Forschung

6.3.1 Das Libet-Experiment

Den Ausgangspunkt für Libets Untersuchungen bildete ein Experiment, das Hans H. Kornhuber und Lüder Deecke bereits 1965 in *Pflügers Archiv für die gesamte Physiologie des Menschen und der Tiere* publiziert hatten: Ließ man Probanden einfache Handlungen ausführen, z. B. die Krümmung eines Fingers, und leitete gleichzeitig ein kontinuierliches Gleichstrom-EEG ab, so zeigte sich dabei vor allem in frontalen und parietalen Ableitungen eine charakteristische Veränderung der hirnelektrischen Aktivität, die bereits etwa eine Sekunde vor Ausführung der Handlung aufzutreten begann. Die aufgezeichneten Potenzialschwankungen – eine sich rampenförmig aufbauende Negativierung der Cortexoberfläche mit einem Maximum bei etwa –20μV, die Kornhuber und Deecke als Bereitschaftspotenzial (readiness potential) bezeichneten – waren so gering, dass es einer Vielzahl von Wiederholungen der Bewegungen bedurfte, um sie durch ein Mittelungsverfahren aus der spontanen hirnelektrischen Aktivität herauszuheben. Um den für das Experiment notwendigen Zeitaufwand auf eine für die Probanden zumutbare Dauer zu beschränken – mehr als 100 Durchgänge waren zur Aufzeichnung notwendig –, hatten Kornhuber und Deecke ihre 12 Versuchspersonen instruiert, dass die ›spontane‹ Handlungsausführung innerhalb eines Zeitraums von jeweils sechs Sekunden erfolgen musste. Diese eine Sekunde, die zwischen dem Einsetzen des die Handlungsausführung vorbereitenden Bereitschaftspotenzials und der tatsächlichen Durchführung der Handlung lag, führte Libet zu der Vermutung, dass »es eine Diskrepanz zwischen dem *Beginn der Gehirnaktivität* und der Zeit des Erscheinens der *bewussten* Handlungsabsicht« geben müsse (Libet, 2005, S. 161). Aber wie konnte das Auftauchen einer bewussten Handlungsabsicht zuverlässig gemessen werden?

Retrospektiv, wie Libet (Libet et al., 1983) meinte! Die Versuchspersonen sollten sich einfach ›die Uhrzeit‹ merken, zu der sie sich zur Durchführung einer bestimmten Handlung bewusst entschlossen hatten. Zu diesem Zwecke konstruierte Libet eine eigene experimentelle Uhr:

> »Ein Kathodenstrahloszilloskop wurde so arrangiert, dass der von ihm erzeugte Lichtfleck in der Nähe des äußeren Randes seines Bildschirms einen Kreis beschrieb. Der äußere Rand des Bildschirms der Oszilloskopröhre war wie gewöhnlich durch 60 Sekunden markiert, die kreisförmig angeordnet waren. Die Bewegung des Lichtflecks sollte die Bewegung des Sekundenzeigers einer gewöhnlichen Uhr simulieren. Unser Lichtfleck ging jedoch in 2,56sec einmal im Kreis herum, etwa fünfundzwanzigmal schneller als die normalen 60sec« (Libet, 2005, S. 162).

Libets Versuchspersonen saßen also vor diesem Bildschirm des Oszilloskops, wie bei Kornhuber und Deecke sollten sie eine einfache Bewegung – in diesem Fall ein plötzliches Kippen des Handgelenks – ausführen, während im EEG das zugehörige Bereitschaftspotenzial aufgezeichnet wurde. Der Zeitpunkt der Handlungsausführung konnte über die Aktivität der dabei beteiligten Muskeln, also über ein Elektromyogramm gemessen werden. Anders als in der Versuchsanordnung von Kornhuber und Deecke gab es für die Ausführung der Handlung keine Zeitbeschränkung: Die Versuchspersonen konnten also den Zeitpunkt der Bewegung beliebig für sich bestimmen. Sie wurden gebeten, sich genau zu merken, bei welcher Position des kreisenden Lichtpunkts sie den »bewussten Drang« (»urge«) zur Bewegung wahrgenommen haben. Ausdrücklich wurde ihnen gesagt, die Handlungsausführung nicht im Voraus zu einem bestimmten

Zeitpunkt zu planen, sondern die Handlung gleichsam ›von sich aus‹, aus sich selbst heraus erscheinen zu lassen (ebd., S. 163).

Unter diesen Bedingungen setzte das Bereitschaftspotenzial, das für jede Versuchsperson über vierzig Versuche ausgemittelt wurde, 550ms vor dem Zeitpunkt der Handlungsausführung ein. Aber nur dann, wenn eine Versuchsperson sich auch tatsächlich verabredungsgemäß verhalten hatte. Bei Probanden, die berichteten, dass sie die Bewegungsdurchführung für eine bestimmte »Zeigerstellung« vorausgeplant hatten, zeigte das Bereitschaftspotenzial einen zu den Ergebnissen von Kornhuber und Deecke analogen zeitlichen Verlauf: Es begann sich bereits 800 bis 1000ms vor dem Kippen des Handgelenks abzuzeichnen. Unabhängig davon ergab sich in Bezug auf den Zeitpunkt der bewussten Entscheidung für beide Gruppen ein erstaunlich stabiler Wert: über alle Versuchspersonen gemittelt 200ms vor der Handlungsausführung bei einer Standardabweichung SD = 20.

Mindestens 350ms vor dem Bewusstwerden der Absicht hat – um, wie die meisten neurowissenschaftlichen Autoren es eben tun, von der Ebene Beschreibung stillschweigend auf die Ebene der Interpretation überzuwechseln – »das« Gehirn bereits »entschieden«, die motorische Handlung auszuführen.

In Libets eigener – dualistischer – Auffassung bleibt dem Menschen aber noch genügend Zeit – nämlich eben diese experimentell erhobenen 200ms – um die bereits vom Gehirn eingeleitete Handlung abzubrechen. Libet spricht in diesem Zusammenhang von einer Veto-Funktion des Bewusstseins.

6.3.2 Abwandlungen des Libet-Experiments: Haggard und Eimer (1999)

Gegen Libets Experiment ist eingewandt worden, dass ein bewusster Drang, eine Handlung durchzuführen, nichts mit einer Entscheidung zu tun hat. Von einem Drang würden wir – wie Pauen (2004, S. 201) argumentiert – sagen, dass er »über uns kommt«, dass wir ihm passiv gegenüber stehen, während wir bei einer freien Entscheidung, d. h. bei einer Entscheidung zwischen Alternativen, aktiv sind: »Entscheidungen kommen nicht über uns, sondern wir bestimmen sie« (ebd., 201). In diesem Sinne waren für die Versuchspersonen in Libets Experiment gar keine Entscheidungen zu treffen: Die Probanden waren instruiert, eine vom Versuchsleiter im vornhinein festgelegte Bewegung auszuführen. Pauen hat völlig Recht, wenn er darauf hinweist, dass die einzige Entscheidung, die einer Versuchsperson im Ablauf des ganzen Experiments abverlangt wurde, außerhalb der eigentlichen Versuchsdurchführung zu liegen kam: die Entscheidung darüber nämlich, ob die betreffende Person am Experiment teilnehmen will oder nicht (ebd., 202).

Diesem Gedanken Rechnung tragend, haben Haggard und Eimer (1999) die Libet'sche Versuchsanordnung in einem diesbezüglich wesentlichen Punkt abgewandelt: Sie führten eine »freie Wahl« ein, indem die Versuchspersonen im Experiment sich dafür entscheiden konnten, eine linke Reaktionstaste mit der linken Hand oder eine rechte Taste mit der rechten Hand zu betätigen. Anders als bei Libet wurde zum symmetrischen Bereitschaftspotenzial auch das lateralisierte Potenzial – d. h. der Umstand, dass das Bereitschaftspotenzial über der Hemisphäre kontralateral zur ausführenden Hand negativer ist als ipsilateral – berücksichtigt.

Die Ergebnisse bestätigen zunächst die von Libet gefundenen zeitlichen Verhältnisse. Sowohl das symmetrische als auch das laterale Bereitschaftspotenzial setzen im Mittel zwischen 450 und 550ms vor der Handlungsdurchführung ein. Bemerkenswert ist, dass aus dem symmetrischen Potenzial nicht vorauszusagen ist, ob die Handlung mit der linken oder der rechten Hand ausgeführt werden wird. In der Sprache der Hirnforscher ausgedrückt: dass das symmetrische Bereitschaftspotenzial die Durchführung der Handlung zwar vorbereiten, nicht aber festlegen kann. Anders allerdings stellen sich die Verhältnisse mit Bezug auf das lateralisierte Bereitschaftspotenzial dar: Das sich aufbauende Potenzial zeigt an, mit welcher Hand die Versuchsperson die Bewegung ausführen wird. Ist es also doch so, dass das Gehirn, wie Gerhard Roth (2004a) z. B. sagt, »entscheidet«? Abgesehen von allen philosophischen Einwänden, die dagegen vorgebracht werden können, ist die interne Validität des Haggard-Eimer-Experiments sehr gering. Unklar bleibt, zu welchem Zeitpunkt die Wahl zwischen den beiden Optionen »linke Hand« vs. »rechte Hand« von der Versuchsperson getroffen wird. So könnte diese Entscheidung schon lange vor der bewussten Registrierung des Drangs (Libets »urge«) gefallen sein, die Handlung auch tatsächlich mit der betreffenden Hand auszuführen. Die große Streuung in den von Haggard und Eimer (Tabelle 2) mitgeteilten Daten spricht jedenfalls dafür, dass die Messungen sehr ungenau sind. Die in der Tabelle 2 der Originalpublikation angeführten Zeitwerte sollen zeigen, dass bei einer frühen, d. h. relativ lange vor der eigentlichen Bewegungsausführung liegenden Entscheidung die Differenz zwischen dem Zeitpunkt des Einsetzens des lateralisierten Bereitschaftspotenzials und dem Entscheidungszeitpunkt wesentlich geringer ist als bei späten Entscheidungen. Auffällig ist, dass in der Gruppe der frühen Entscheidungen zwei Fälle (bei N = 8!) enthalten sind, bei denen das Potenzial erst *nach* der Entscheidung sich aufzubauen beginnt. Der vom Gros der Hirnforscher behauptete kausale Zusammenhang zwischen Potenzial und Wahlentscheidung dürfte somit falsifiziert zu sein.

6.3.3 Kritik an der Interpretation des Libet-Experiments:

Zunächst ist festzuhalten, dass die Leistung der Versuchsperson in diesem Experiment sehr komplex ist. Sie muss Introspektion betreiben, den Lichtpunkt mit den Augen verfolgen und schließlich eine bestimmte »Zeigerstellung« dem Introspektionsergebnis zuordnen. Wir können diese Leistung als eine mentale Mehrfachhandlung auffassen. Außerdem setzt die Standard-Interpretation des Libet-Experiments eine inadäquate Theorie der Introspektion voraus, nämlich die Gleichzeitigkeit der Absicht mit ihrer Wahrnehmung. Brentano (1874) hat dargelegt, dass die Introspektion immer eine Retrospektion ist. Die Entstehung einer Absicht und ihre Wahrnehmung sind daher nicht gleichzeitig möglich. Es kann also nicht ausgeschlossen werden, dass der Zeitpunkt der Entstehung der Absicht vor dem Zeitpunkt des Bereitschaftspotenzials liegt. Ein weiterer Kritikpunkt ergibt sich aus der Berücksichtigung der Theorie von Ach (1905). Nach Ach löst die Instruktion an die Versuchsperson bei ihr eine determinierende Tendenz in Richtung der Erfüllung der Aufgabe aus. Die determinierende Tendenz steuert alle mentalen Abläufe, sie selbst bleibt aber unbewusst. Es ist gut möglich, dass die determinierende Tendenz mit dem Bereitschaftspotenzial korrespondiert.

Interessant zu sehen ist jedenfalls, dass Befunde, die die geringe interne Validität des Libet-Experiments empirisch belegen, von der Mainstream-Neurowissenschaft nicht berücksichtigt werden. Bei der Arbeit am Mythos von der Abschaffung des freien Willens wird alles, was nicht unmittelbar in das kühne Konzept passt, einfach ausgeblendet (vgl. dazu z. B. auch Hartmann, 2000). So z. B. die experimentellen Ergebnisse der neuseeländischen Forscher Judy Trevena und Jeff Miller (2010), die zeigen konnten, dass es in Bezug auf das Bereitschaftspotenzial gar keinen Unterschied macht, ob man beschlossen hat, eine

Bewegung auszuführen oder ob man sich entschieden hat, eine Bewegung nicht zu machen. Der Schluss, den die beiden Autoren aus ihrer Studie ziehen, beraubt die ganzen Libet-Debatte ihrer hypothetischen Grundlage: dass nämlich – so Trevena und Miller – das Bereitschaftspotenzial offensichtlich unspezifisch für die Bewegungsvorbereitung ist. Damit aber gerät die ganze Rede von den bioelektrischen Korrelaten einer »unbewussten Entscheidungsvorbereitung« in Zweifel. Oder, in aller nur wünschenswerter Klarheit formuliert: »Weder freier noch unfreier Wille lässt sich beobachten, da wir kein neuronales Korrelat von Freiheit kennen« (Birbaumer, 2004, S. 28).

6.4 Eine möglicherweise konsensfähige Position: Willensfreiheit als soziales Konstrukt

Wolfgang Prinz (2013) hat eine Lösung des Willensfreiheitsproblems vorgeschlagen, die dem gegenwärtigen Erkenntnisstand entspricht und letztlich kompatibel ist sowohl mit natur- als auch mit kulturwissenschaftlichen Positionen. Formal entspricht seine Argumentation der Lehre von Kant, wobei Kant sich nur auf den Begriff der Willensfreiheit bezieht, ohne seine Genese – bei Prinz eben eine soziale Genese – zu berücksichtigen. Prinz würde also mit Kant fragen: Was ist die Bedingung der Möglichkeit einer freien Handlung? Seine Antwort liegt letztlich in einer Art Historisierung des Kant'schen Apriorismus: Das, was a priori gegeben ist, ist das Resultat eines sozialen Prozesses: wie die Sprache vor dem Einzelnen als historisch gewordenes Artefakt gegeben ist, das durch das Individuum im Zuge seiner Sozialisation angeeignet werden muss, damit der Einzelne am weiteren historischen Prozess teilhaben kann. Ebenso verhält es sich mit der Willensfreiheit: Sie ist ein historisch erzeugtes Artefakt, das – durch den Einzelnen angeeignet – das Individuum tatsächlich frei handeln lässt. Diese Freiheit des Einzelnen ist zum einen die Voraussetzung dafür, dass das Individuum am sozialen Leben, am Leben der Gemeinschaft, teilhaben kann; zum anderen bringt sie – einmal in Gang gesetzt – eben dieses soziale Leben aus sich hervor. Oder wie Prinz es formuliert:

> »Haben wir also am Ende einen freien Willen oder nicht? Es überrascht nicht, dass die Antwort davon abhängt, was wir mit Willensfreiheit meinen. Wir haben keine Willensfreiheit im selben Sinne, in dem wir Organe wie eine Leber oder ein

> Herz haben, oder Fähigkeiten wie Sehen oder Greifen. Wir haben diese Organe und Fähigkeiten aufgrund der Tatsache, dass ihre Blaupause in unseren Genen angelegt ist, die Bestandteil unserer natürlichen Anlage sind.
>
> Obwohl wir keine Willensfreiheit im Sinne einer Naturtatsache besitzen, besitzen wir sie doch im Sinne eines gesellschaftlichen Artefakts. Willensfreiheit ist ein Artefakt, das wir für uns selbst fabrizieren und in unser Gefühl eines gesellschaftlichen und geistigen Selbst integrieren. Solche sozialen Tatsachen und Artefakte sind keineswegs fiktiv oder gar illusorisch. Für diejenigen, die sie sich angeeignet haben, sind sie genauso wirklich wie Naturtatsachen. Sie leiten und beschränken unsere Handlungen durch genau dieselbe Logik wie Naturtatsachen. In diesem Sinne besitzen wir also gewiss einen freien Willen« (Prinz 2013, S.302).

Entgegen Pauen und Roth (2008) halten wir eine naturalistische Theorie zur Willensfreiheit für nicht möglich. Das, was Wille ist, wird, wie eben argumentiert, erst durch einen sozialen Interaktionsprozess erzeugt. Um mit Wittgenstein zu sprechen, gehört also der Wille zu jenen Phänomenen, die aus der Welt sind – aus jener Welt eben, die die Naturwissenschaften darstellen. Mit naturwissenschaftlichen Methoden lassen sich Sinn und Bedeutung nicht erfassen. Wenn Naturwissenschaftler über den Willen reden, dann sprechen sie in einer Sprache, die dem Phänomen nicht angemessen ist. Im Sinne der Logik handelt es sich um einen Kategorienfehler. Einen Kategorienfehler begeht, wer einen bestimmten Begriff in einem inhaltlichen Kontext verwendet, zu dem dieser Begriff nicht passt.

Was aber ist gemeint, wenn man sagt, dass der Wille das Resultat von sozialen Interaktionsprozessen ist? Entscheidend ist dabei der Gedanke der wechselseitigen Anerkennung der Subjekte als Subjekte. Ich anerkenne an meinem Interaktionspartner, dass er über Willensfreiheit verfügt – und vice versa: dass der andere mich anerkennt als Subjekt, das frei ist in seinen Entscheidungen und Handlungen. Prinz (2014) weist völlig zu Recht darauf hin, dass diese wechselseitige Zuschreibung durch soziale Institutionen – z. B. durch das Bürgerliche Gesetzbuch – gestützt ist. Was wir unter Willensfreiheit nach dem gegenwärtigen Wissenstand verstehen können, ist, dass Willensfreiheit eben nichts anderes ist, als diese wechselseitige Anerkennung der Subjekte selbst. Ich bin frei in meinen Handlungen und Entscheidungen, weil mich der andere und damit ich mich selbst als frei anerkenne.

Kapitel 7

Psychologische Relevanz? Das Beispiel der Psychoanalyse

> »Hätten ihm [Freud] die heutigen Methoden zur Verfügung gestanden, wäre er ganz bestimmt dabeigeblieben und würde jetzt vielleicht in irgendeinem Schlaflabor erforschen, was im Gehirn von Träumenden passiert« (Solms, 2006, S. 53).

Mark Solms, Wegbereiter einer Synthese zwischen Psychoanalyse und Neurowissenschaften und Gründungsherausgeber der Zeitschrift *Neuropsychoanalysis*, beeilte sich aber sogleich auch hinzuzufügen, dass das schade wäre, weil es dann die Psychoanalyse nicht geben würde. Das klingt zunächst wie ein Paradoxon: Als Neurowissenschaftler hätte Freud die Psychoanalyse nicht erfunden. Wie sollen dann Psychoanalyse und Neurowissenschaften miteinander zu tun haben? Solms selbst hat darauf auch in zahlreichen populärwissenschaftlichen Veröffentlichungen immer wieder dieselbe wissenschaftstheoretische Antwort gegeben:

> »Die Psychoanalyse macht mit Sicherheit mehr Annahmen über seelische Vorgänge, als man aus der Verhaltensbeobachtung allein ableiten kann. Schlimmer noch: Sie bietet keinerlei Möglichkeiten, zwischen unterschiedlichen, miteinander konkurrierenden Theorien zu entscheiden. Ihre Methode, die in der Deutung klinischer Symptome besteht, hat mit wissenschaftlicher Hypothesentestung nicht viel gemein. Ich weiß, dass Freud und die meisten seiner Nachfolger genau das Gegenteil behaupteten. Aber sehen Sie sich nur die Vielzahl verschiedener psychoanalytischer Schulen an – da wird einem schnell klar, dass die empirische Forschung hier nur wenig ausrichten kann« (ebd., S. 49).

Die Neurowissenschaften versprechen, »der Psychoanalyse eine exakte empirische Grundlage zu verschaffen«, wie Gerhard Roth (2012, S. 73) programmatisch – d. h. nicht ganz frei von Ideologie – formuliert. Wie aber könnte eine solche naturwissenschaftlich-empirische Fundierung aus der Sicht der Neurowissenschaften aussehen? Nach Roth (ebd., S. 74–75) ist »für die Entstehung psychischer Zustände das limbische System und seine Wechselwirkung mit kognitiven Zentren des Gehirns als Träger des Psychischen anzusehen«. Den Erkenntnissen neurowissenschaftlicher Forschungen gemäß ließen sich nun »idealtypisch vier Ebenen unterscheiden, auf denen psychisch-emotionale und kognitive Prozesse stattfinden und entlang der drei Achsen *bewusst – unbewusst, emotional – rational* und *individuell – sozial* wirksam sind«. In der Fortsetzung wird sofort klar, was Roth mit diesen »Ebenen« meint: Es sind »Schichten« im Gehirn, denen bestimmte psychische und physische Funktionen zugeordnet werden. Zunächst die »vegetativ-affektive Ebene«, die Roth dann umstandslos mit dem Freud'schen Es in eins setzt; dann die zweite, der ersten nicht nur logisch, sondern auch in der Tiefenstruktur des Hirns buchstäblich übergeordnete Ebene die der emotionalen Konditionierung und des individuellen emotionalen Lernens: »Hieran sind die kortikale, mediale und basolaterale Amygdala, das mesolimbische System (Nucleus accumbens und ventrales tegmentales Areal) beteiligt« (ebd., S. 74). Das mesolimbische System stellt nach Roth zum einen das zentrale Belohnungs-, zum anderen das grundlegende Motivationssystem dar. Auf dieser mittleren limbischen Ebene

> »formen sich die *unbewussten Anteile* des Selbst, und zwar aufgrund frühkindlicher Erfahrungen, insbesondere früher Bindungserfahrungen. Hierbei entstehen in rekursiver Weise die Grundstrukturen des Verhältnisses zu uns selbst (Selbstbild) und zu den Mitmenschen (Empathiefähigkeit) und die Grundkategorien dessen, was aus ›infantiler‹ Weise gut und schlecht ist« (ebd., S. 75).

Erstaunlich, was an Scannerbildern alles in der Manier exakt-empirischer Forschung abgelesen werden kann! Die Bedeutung früher Bindungserfahrungen und die Grundkategorien dessen, »was aus ›infantiler Weise‹ gut und schlecht ist«! Oder sollten diese Dinge – wir fürchten: der Begriff Bindungsverhalten zeigt es an – eher kühn erschlossen sein, z. B. unter zur Hilfenahme nicht näher bezeichneter Bruchstücke psychologischer Theorien? Sieht so eine exakte empirische Grundlage der Psychologie aus? Werden hier nicht etwa Plausibilitätsargumente als das Resultat empirischer Beobachtung ausgegeben?

Aber weiter: Roth findet für dieses Wunderlabor Amygdala und mesolimbisches System keine Entsprechung in Freuds Darstellung des psychischen Apparats. Dafür aber wieder für die dritte, im einfachen Schichtenmodell von unten nach oben der zweiten strukturell übergeordneten Ebene »der bewussten, überwiegend sozial vermittelten Emotionen«, die die »limbischen Anteile der Großhirnrinde« umfassen. Natürlich ist dieser Satz sprachlogisch völlig unsinnig – aber wir wollen uns an dieser Stelle mit den Kategorienfehlern hirnwissenschaftlicher Resultatsverkündigungen nicht weiter aufhalten. Diese dritte Ebene soll der Schauplatz sein, auf der sich u. a. jene Prozesse abspielen, die Freud unter dem Konzept des Über-Ich zusammenfasst (ebd., S. 76). Die vierte Roth'sche Ebene ist die des kognitiv-rationalen Ich, auf der kühn das Freud'sche Realitätsprinzip angesiedelt wird.

Folgen wir dem Roth'schen Text weiter, so erfahren wir – ohne Begründung, außer der, dass das irgendwie plausibel klingt –, dass Psychotherapie vor allem auf der zweiten, d. h. der mittleren limbischen Ebene ansetzen soll. Und – eine jener rätselhaften Einsichten der Hirnforschung – dass ein bloßer Appell an die Vernunft, also eine Intervention auf der höchsten, der vierten Ebene des Roth'schen Systems, »zu keinerlei Verhaltensänderung« (ebd., S. 76) führt. Man muss sich das möglichst deutlich vergegenwärtigen: Was Roth uns sagt – und das auf exakter empirischer Grundlage – ist, dass eine therapeutische Intervention, z. B. im Falle einer Spinnenphobie – nutzlos ist, wenn sie sich darin erschöpft, dem Patienten mitzuteilen, dass es nicht vernünftig ist, sich vor Spinnen zu fürchten!

Es gilt, die verschiedenen Versatzstücke der Roth'schen Argumentation fein säuberlich auseinanderzuhalten. Erstens ist seine Vier-Ebenen-Theorie eine Theorie im eigentlichen Sinne, weil sie, was die strukturelle Schichtung im Hirn, also die physiologische Ebene betrifft, empirisch überprüfbar ist. Und zwar so überprüfbar ist, indem gezeigt wird, dass die im Gehirn beschriebenen Strukturen tatsächlich jeweils eine notwendige Voraussetzung für das Auftreten einiger der theoretisch geforderten psychischen Funktion sind. Zweitens aber ist die In-Beziehung-Setzung dieser vier Schichten zu Freuds Modellannahmen über den psychischen Apparat ein kurioses Missverständnis. Freuds metapsychologische Spekulationen über den psychischen Apparat sind eben nicht ontologisch gemeint. Eben diesen Zugang hat Freud bereits 1896 als wenig fruchtbar fallen gelassen (Grünbaum, 1988). Die metapsychologischen Setzungen sind der Ebene der Empirie insofern vorgelagert, als dass sie das empirische Material zu ordnen erlauben. Sie können sich in dieser Funktion bewähren oder nicht bewähren – empirisch überprüfbar sind sie nicht (Benetka, 2007). Freilich lassen sich über das Ich im Prinzip auch empirisch überprüfbare Theorien formulieren: z. B., dass das Ich kein ›Organ‹ ist, d. h. genauer: dass sich im Hirn keine Ichstruktur findet, sondern dass sich das Ich aus Zuschreibungsdiskursen auf Basis von Repräsentationen entwickelt (Prinz, 2013).

Sind unter den skizzierten Bedingungen sinnvolle Bezugnahmen von Psychoanalyse und Neurowissenschaften überhaupt möglich? Wir haben bei Solms gesehen, was sich die Psychoanalyse davon versprechen darf: eine empirische Überprüfung mehr oder weniger gut begründeter Hypothesen. Im Übrigen bedeutet Solms Hinweis darauf, dass viele Hypothesen Freuds rein spekulativ sind, eigentlich gar nichts – zumindest aus der Sicht des Kritischen Rationalismus, der den Entstehungszusammenhang von Hypothesen als für die wissenschaftliche Forschung unbedeutend erklärt. Ob allerdings die empirische Prüfung psychoanalytischer Hypothesen auf dem Wege der Hirnforschung möglich ist, sei dahingestellt. Man kann dieses Problem auf zweierlei Art und Weise angehen: erstens, pragmatisch, indem man Studien analysiert, die eben dies zu leisten beanspruchen; und zweitens, indem man den Sachverhalt grundsätzlich, d. h. wissenschaftstheoretisch erörtert. Zunächst zur pragmatischen Lösung – die wissenschaftstheoretische Erörterung wird weiter unten im Text nachzuholen sein. Als Beispiel unter vielen sei hier eine Serie von empirischen Untersuchungen angeführt, die 2013 und 2014 in den Zeitschriften *Frontiers in Human Neuroscience* und *Frontiers in Psychoanalysis and Neuropsychoanalysis* erschienen sind. Die Einzelstudien lassen sich zwei Gruppen von Fragen zuordnen (vgl. Axmacher et al., 2014): zum einen Fragen der empirischen Fundierung psychoanalytischer Konzepte; zum anderen Fragen der Wirkung von Psychotherapie. Untersuchungen zur zweiten Gruppe stellen lediglich Zuordnungen her: die Zuordnung nämlich von hirnphysiologischen Daten zu den mit psychologischen Forschungsmethoden gewonnenen Erkenntnissen. Wie schon in der Besprechung des Textes von Roth angedeutet, sind auf diesem Wege keine neuen Interventionsverfahren zu gewinnen. Oder anders formuliert: Die Beibringung neurowissenschaftlicher Befunde hat keinerlei praktische Bedeutung. In unserem Zusammenhang interessanter sind die Untersuchungen der ersten Gruppe. Immerhin betreffen sie eben jenes Gebiet, von dem sich vor allem auch Psychoanalytiker einiges zu versprechen scheinen: die Operationalisierung psychoanalytischer Begriffe in experimentellen Untersuchungsdesigns. Zu fragen ist, wie diese Operationalisierungen zustande kommen, genauer: ob die experimentelle Einführung eines Konzepts überhaupt mit dem psychoanalytischen Grundbegriff äquivalent ist. Um das beurteilen zu können, müsste das betreffende psychoanalytische Konzept zunächst genau expliziert und in einem zweiten Schritt die Umsetzung dieses Konzepts in eine experimentelle Versuchsanordnung als aus der Theorie logisch einwandfrei abgleitet dargestellt werden.

Eben darauf wird – und das ist bezeichnend! – eigentlich in allen einschlägigen Studien geflissentlich verzichtet. Die Folgen sind nur allzu offensichtlich. Wenn wir die Studie von Schmeing et al. (2014) als Beispiel nehmen, so wird darin der Begriff Verdrängung mit dem auf Jung (1906 & 1910) zurückgehenden Wortassoziationstest zu erfassen versucht und verlängerte Reaktionszeiten bzw. eine Veränderung des Hautleitwerts als Symptom der Verdrängung gewertet. Neu kommt hinzu, dass diese beiden Kennwerte mit fMRT-Daten in Beziehung gesetzt werden. Die Autoren können zeigen, dass es eine Entsprechung gibt: Verlängerte Reaktionszeiten und Erhöhung des Aktivierungsniveaus gehen mit einer erhöhten Aktivität des anterioren cingulären Kortex einher. In einer zweiten Versuchsreihe wurde dann das »Vergessen« von Antworten auf kritische Stimuli untersucht. Auch hier konnten die Autoren wieder eine Aktivitätsänderung des anterioren cingulären Kortex registrieren, zudem aber auch eine Deaktivierung des Hippocampus und des parahippocampalen Kortex. Aber ist mit einem solchen Untersuchungsdesign tatsächlich das Konzept der Verdrängung erfasst? In der Freud'schen Theorie ist Verdrängung ein Prozess, der sich zumindest aus zwei Anteilen zusammensetzt: erstens dem Vorgang der eigentlichen Verdrängung; zweites dem Abwehren des »Nachdrängens« des Verdrängten. Dass, was Schmeing et al. (2014) eigentlich geben, ist dasselbe, was Jung schon gegeben hat: die Identifizierung eines Anzeichens dafür, dass eine Verdrängung vorliegen könnte. Es werden Symptome korreliert und weiter nichts! Zur Interpretation dieser Korrelation wird dann »Verdrängung« als theoretischer Begriff eingeführt – der aber mit der Theorie der Verdrängung bei Freud nichts zu tun hat.

Auch wenn diese Art der empirischen Fundierung der Psychoanalyse scheitert – man kann erahnen, was Psychoanalytiker und an der Psychoanalyse interessierte Neurowissenschaftler sich davon erwarten. Aber kehren wir die Frage um: Warum sollte sich ein streng materialistisch argumentierender Hirnforscher um die Psychoanalyse bemühen? Was kann die Neurowissenschaft von der Psychoanalyse erwarten? Der merkwürdige Text von Roth führt uns zu einem besseren Verständnis. Die – wie uns scheint: gar nicht so zahlreichen – Fakten, die durch die Hirnforschung zusammengetragen werden, bedürfen, um feuilletontauglich zu werden, einer kräftigen Aufmischung durch plausibel und halbwegs gelehrt klingende Rhetorik! Es ist ähnlich wie bei den Kühen: Was dabei hinuntergeschluckt wird, bleibt völlig unverdaut. Das Wiederkäuen, um im Bild zu bleiben, findet leider nicht mehr in der Muße der Studierstube, sondern am Schreibtisch der Boulevard-Presse statt.

Kehren wir zu unserem wissenschaftstheoretischen Kernproblem zurück: Kann die Gültigkeit der Psychoanalyse über hirnwissenschaftliche Forschung festgestellt werden? Das erste Problem, das sich ergibt, besteht darin, dass die Psychoanalyse, und zwar in theoretischer und empirischer Hinsicht, vorwiegend[5] aus der Perspektive der ersten und der zweiten Person entwickelt wird, wogegen sich die Hirnwissenschaft ausschließlich aus der Perspektive der dritten Person konstituiert.[6] Die Perspektiven sind prinzipiell inkommensurabel.[7] Das zweite Problem stellt sich allein dadurch, dass die Rede von der Gültigkeit einer wissenschaftlichen Theorie ein naturwissenschaftliches Verständnis dieses Begriffs voraussetzt. Gültigkeit wird z.B. unter einem interpretativen Paradigma als Konsens der Interpreten verstanden; in einem naturwissenschaftlichen Kontext ist Gültigkeit eine Frage der Eindeutigkeit der Ergebnisse eines von subjektiven Interpreten unabhängigen Messinstruments. Drittens kann man sagen, dass die Psychoanalyse, da sie auf Interpretationen, genauer: auf Selbst- und Fremdinterpretationen beruht, eine Kulturwissenschaft ist. Genau genommen ist sie eine Methode zur Rekonstruktion eines wie auch immer ›beschädigten‹ Sinns, z.B. in der Traumdeutung: Die Psychoanalyse geht davon aus, dass dem manifesten Trauminhalt – so gegen jede Logik und Vernunft ein Traumbericht auch immer sich darstellt – stets ein latenter Sinn zugrunde liegt, der eben – und zwar regelgeleitet – durch das Verfahren der freien Assoziation aufzudecken ist. Dasselbe gilt in Bezug auf die vielen kleinen Fehlleistungen im Alltagsleben: Vergessen, Versprechen, Verschreiben, Verlegen sind keine zufälligen Bildungen,

---

5 In der Psychoanalyse gibt es auch Deutungen und Interpretationen aus der Perspektive der dritten Person: z.B. in Bezug auf Kulturprodukte, insbesondere aber auf Mythen und Märchen.

6 Zu Perspektivität psychologischer Forschung vgl. Kaiser & Werbik (2012) und Kertscher & Werbik (2014).

7 Allerdings kann der Beobachter sich bemühen, die Perspektive der ersten Person durch Empathie zu berücksichtigen. Er bleibt dann aber trotzdem Beobachter.

zustande gekommen etwa durch ein Nachlassen der Aufmerksamkeit; der in solchen Symptomhandlungen verborgene Sinn kann durch die psychoanalytische Methode aufgedeckt werden. Schließlich die Psychopathologie im eigentlichen, d.h. im klinischen Sinne: Die Menschen leiden letztlich daran, dass sie den Sinn des eigenen Tuns und Lassens nicht verstehen.

Freud selbst allerdings hat bis zu seinem Lebensende beharrlich daran festgehalten, dass die Psychoanalyse eine Naturwissenschaft sei. Habermas (1968) hat in diesem Zusammenhang vom szientistischen Selbstmissverständnis gesprochen: Anstelle einer Naturwissenschaft habe Freud – anders als er eben glaubte – eine Humanwissenschaft begründet. Damit ist der Sachverhalt selbst zwar gut bezeichnet, aber nicht erklärt. Benetka (2007) hat darauf hingewiesen, dass Freud mit dem Beharren auf den Status einer Naturwissenschaft ein Abdriften der Psychoanalyse ins rein Spekulative verhindern wollte: Die an der Sprache der Physiologie orientierte Rhetorik der Metapsychologie sollte das Schreiben von Novellen über psychische Kranke in wissenschaftlichen Bahnen halten:

> »Aber was soll eigentlich damit gemeint sein, wenn wir sagen, dass die metapsychologischen Konstruktionen helfen, die klinische Erfahrung zu organisieren? Wir werden sehen, dass die Antwort darauf uns dahin führen wird, zu verstehen, was Freud dazu bewegt, daran festzuhalten, dass die Psychoanalyse eine Naturwissenschaft ist. ›In der analytischen Behandlung‹, schreibt Freud (1917, S. 9), ›geht nichts anderes vor, als ein Austausch von Worten zwischen dem Analysierten und dem Arzt.‹ Die Erzählungen des Patienten, die den Ablauf der Kommunikation bestimmen, sind wie Texte, deren Sinn und Bedeutung für ihren Autor selbst verstellt sind: Zweck der Kommunikation zwischen Arzt und Patient ist die Interpretation dieser in der analytischen Situation erzeugten verstümmelten Geschichten. Weil in der Psychoanalyse Behandlung und Forschung zusammenfallen, hat Habermas [1968] Recht, wenn er das psychoanalytische Forschungsverfahren als ein hermeneutisches kennzeichnet.
>
> Aber woran soll sich ein solches Sinnverstehen orientieren? Was spricht etwa dagegen, die Leidenserzählungen der Patienten als religiöse Ekstasen zu deuten? Offenbar findet Freuds Festhalten am Anspruch naturwissenschaftlicher Erklärung eben darin seine Rechtfertigung: Es ist eben die Rationalität der wissenschaftlichen Weltanschauung, die das Abgleiten des Verstehens in mystisch religiöses Phantasieren oder – nicht weniger irrational – in die Beliebigkeit eines bloß empathischen Nachempfindens verhindern soll« (ebd., S 34-35).

Kapitel 8

Zur gesellschaftlichen Funktion der Neurowissenschaften

Watsons frühes Manifest *Psychology as the Behaviorist views it* (Watson, 1913) sollte die spätere Psychologie gründlich umgestalten. Sein eigentliches Kernargument lautete, dass Verhalten prinzipiell unabhängig ist vom Erleben. Nur so war zu verstehen, dass nach Watson Verhalten »nicht in Bewusstseinsbegriffen« erklärt werden sollte. Das Problem der Introspektion war für die behavioristische Psychologie damit erledigt: Wenn Verhalten unabhängig ist vom Erleben, braucht Erleben in einer auf Erklärung abzielenden Wissenschaft nicht mehr untersucht werden. Oder anders formuliert: Der Behaviorismus betrachtet psychische Vorgänge als bloße »private events«, er beschränkt sich auf öffentlich zugängliches Verhalten, das aus der Perspektive der dritten Person aufgefasst werden kann. Ziel der so verstandenen »naturwissenschaftlichen« Psychologie ist, wie Watson ausdrücklich schrieb, »die Vorhersage und Kontrolle von Verhalten« (ebd., S. 158).

Es ist offensichtlich, dass die Neurowissenschaften ihre ›psychologischen Gegenstände‹ in derselben Art und Weise, also behavioristisch auffassen. Das, was die Neurowissenschaften zunächst leisten, ist eine Erweiterung des Verhaltens-Konzepts um vielerlei physische Messungen und Registrierungen. Der behavioristische Grundsatz bleibt dabei erhalten: Erleben erscheint als eine nachträgliche Rechtfertigung von Vorgängen, die auf einem gänzlich anderen Terrain – eben auf der Ebene von Hirnvorgängen – völlig unabhängig von jeder Art von psychischen Vorgängen ›entschieden‹ worden sind.

Von außen – von Nicht-Psychologen – wurde der Behaviorismus seit jeher als Verhaltenstechnologie verstanden und als Instrument zur totalen Kontrolle von Menschen gerügt (z. B. Marcuse, 1967). Gilt dies auch für die Neurowissenschaft? Die Hoffnung, zu der sich so mancher Hirnforscher hinreißen lässt, kann durchaus als ein solches Versprechen auf eine Erweiterung von Möglichkeiten der sozialen Kontrolle gedeutet werden. Im Manifest von 2004 heißt es (Elger et al., 2004, S. 36): »Ebenso werden uns die zu erwartenden weiteren Fortschritte in der Hirnforschung vermehrt in die Lage versetzen, psychische Auffälligkeiten und Fehlentwicklungen, aber auch Verhaltensdispositionen zumindest in ihrer Tendenz vorauszusehen – und ›Gegenmaßnahmen‹ zu ergreifen.« Warum sollte man das auf dissoziales Verhalten beschränken? Wer also die Funktionsweise der Gehirne seiner Untergebenen kennt, hat die Kontrolle über deren Verhalten. Untermauern lassen sich diese Kontrollfantasien durch Befunde von Ansätzen zu einer neuropsychologisch unterstützen Diagnostik: Wenn sich im EEG-Bild bei der Ableitung sogenannter *slow potentials* bei bestimmten psychischen Leistungen eng umschriebene Aktivierungsfelder der Großhirnrinde registrieren lassen, dann ist das ein Hinweis darauf, dass sich die Versuchsperson beim Lösen einer Aufgabe – buchstäblich! – leicht tut, – und zwar ganz unabhängig davon, ob ihre Lösungen richtig oder falsch sind. Müssen wir also in naher Zukunft einen elektrischen oder magnetischen Angriff auf unsere Gehirne fürchten? Wie heißt es im Volkslied: »Die Gedanken sind frei, wer kann sie erraten? Sie fliegen vorbei wie nächtliche Schatten. Kein Mensch kann sie wissen, kein Jäger sie schießen, es bleibet dabei: die Gedanken sind frei!« Ist es nicht eben das, was uns die Neurowissenschaften verkünden: Dass die Zeit – der Stand wissenschaftlicher und technologischer Entwicklung – reif ist, um die geheimen Gedanken der Menschen endlich öffentlich lesbar zu machen? Für wen aber soll das gut sein? Für die Banken oder für deren Kunden? Für den Unternehmer oder seinen Angestellten? Für Herr oder Knecht?

Neurowissenschaftler wie Gerhard Roth und Wolf Singer haben aus den Experimenten zur sogenannten Willensfreiheit geschlossen, dass nicht der Mensch, sondern sein Gehirn seine Verbrechen determiniert, dass also nicht der Mensch, sondern sein Gehirn für seine Taten verantwortlich ist. Der Begriff der Schuldfähigkeit wird von diesen Autoren in Zweifel gezogen (z. B. Roth, 2006). Was aber beim ersten Hinsehen wie eine der Humanität verpflichtete Inschutznahme von Tätern, von Außenseitern der Gesellschaft aussieht, entpuppt sich bei eingehender Betrachtung als gefährliche Kontrollfantasie. In der Entschuldung liegt ein Entmenschen: Wer den Menschen ihre Schuldfähigkeit nimmt, nimmt ihnen, indem er sie als Maschinen ansieht, ihre Würde. Und schlimmer noch:

Denn schließlich könnte der, der Menschen als Maschinen begreift, auch dazu bereit sein, sie entsprechend, d. h. wie Maschinen zu behandeln.

Warum stößt also das, was im Eigentlichen bedrohlich klingen müsste, auf so großes Interesse und öffentliche Zustimmung? Woher kommt diese Aufmerksamkeit von Laien für die Ergebnisse und Spekulationen der Hirnforschung? Es scheint, als wäre in den medienwirksamen Auftritten der Experten etwas Tröstliches enthalten: In der funktional differenzierten Gesellschaft (Luhmann, 1997), die dem einzelnen ohne viel Hilfestellung von außen die alleinige Autorenschaft über das eigene Leben aufzwingt, ist individuelles Scheitern allgegenwärtig. Die Rhetorik der Hirnforschung verspricht Trost: Nicht ich bin verantwortlich für die vielen Abbrüche in meiner Biografie, sondern mein Gehirn, oder besser noch: *das* Gehirn: »Du glaubst zu schieben, und du wirst geschoben«, heißt es in Goethes Faust (Teil I, Walpurgisnacht).

Von Wissenschaft und Pharmaindustrie zu »somatischen Individuen« erklärt, deren Hoffen und Sehnen, deren Ängste und Befürchtungen nichts sind als Epiphänomene körperlicher Prozesse (Hasler, 2010, S. 64–65), haben die Menschen gelernt, dass Heilung das verspricht, was eben direkt auf den eigenen Körper einwirkt. Es ist – für Patienten und deren Angehörige gleichermaßen – leichter zu ertragen, wenn eine psychische Störung oder Krankheit als durch ein Neurotransmitter-Ungleichgewicht bestimmt aufgefasst wird. Die Forschung verspricht Heilung: Wirksame Medikamente werden die Störungen im Haushalt der Botenstoffe und damit die psychischen Begleiterscheinungen beseitigen; noch bessere, noch wirksamere Medikamente werden, wie im Manifest von 2004 (Elger et al., 2004) versprochen, in absehbarer Zukunft vorhanden sein. Aus den öffentlichen Auftritten von Wissenschaftlern ist diese Etüde nur allzu gut bekannt: Wer heute ein Problem hat – egal welches! –, hat in Wirklichkeit nur das Problem, dass er seine Probleme heute hat und nicht morgen – weil morgen wird die Wissenschaft dafür bereits eine Lösung gefunden haben. Bei allem Zweifel an ihrer Seriosität ist in diesen marktschreierischen Versprechungen doch auch für die Menschen Positives enthalten: Die sozialen Wertungen, die mit psychischen Erkrankungen verbunden sind, haben sich in neutralere Beschreibungen zu wandeln begonnen: Galt früher psychisches Leiden als Ausdruck einer misslungenen Biografie, so gilt es heute eben als Ausdruck einer biochemischen Besonderheit – einer Besonderheit unter vielen.

Die Biografien selbst sind davon betroffen. Genauer: die Art und Weise, wie wir uns unser eigenes Leben selbst erzählen können. Vor allem vonseiten der Soziologie aus ist thematisiert worden, wie schwierig es ist, in einer sozial differenzierten Welt, in der man immer nur aspekthaft, nie aber als ganze Person adressiert wird, so etwas wie ein stabiles Bewusstsein seiner selbst, eine stabile Identität zu entwickeln. Nicht die Liebe (wie bei Luhmann, 1994), sondern die Materie, das Gehirn vermag diesen Wunsch nach Kontinuität scheinbar zu erfüllen: Alle Unsicherheit um das eigene Ich ist nichts als flüchtiger Schein, wie gut zu wissen, dass da etwas Überdauerndes zugrunde liegt. Ich kann zwar nichts dafür, dass ich das bin, was ich bin, aber wenigstens gibt mir die Hirnforschung, indem sie anerkennt, dass mein Gehirn ist, die Gewissheit, dass ich bin, tatsächlich existiere.

Was der Mensch braucht, ist nicht Wissen, sondern Trost. Kein Wunder also, dass die Ergebnisse oder vielmehr die Verallgemeinerungen von Ergebnissen der Hirnforschung das Interesse der Medien wecken. Was den Medien imponiert, ist dreierlei: erstens, das Versprechen eines wissenschaftlich fundierten Bildes vom Menschen; zweitens, dass dieses wissenschaftliche Bild etwas Sensationelles, d.h. eine Zumutung für den gesunden Menschenverstand ist; und drittens, dass die psychologischen Erklärungen, die die Hirnforscher geben, einfach nachzuvollziehen sind, also dann doch noch den Erwartungen eben desselben gesunden Menschverstands entsprechen.

Das Menschenbild der Neurowissenschaften ist nicht neu (vgl. Janich, 2009), bestechend ist – und das trotz der behaupteten strengen Wissenschaftlichkeit – seine Einfachheit: Der Nobelpreisträger Francis Crick beschreibt in seinem wissenschaftlichen Bestseller *Was die Seele wirklich ist* die ihn so beglückende Erkenntnis, dass Menschen aus neurowissenschaftlicher Sicht nichts als ein Haufen von Neuronen sind: »Ihre Freuden und Leiden, Ihre Erinnerungen, Ihre Ziele, Ihr Sinn für Ihre eigene Identität und Willensfreiheit – bei alledem handelt es sich in Wirklichkeit nur um das Verhalten einer riesigen Ansammlung von Nervenzellen und dazugehörigen Molekülen.« (Crick, 1994, S. 17) Es ist eine merkwürdige Paradoxie: Der Laie ist bass erstaunt, wenn ihm erklärt wird, dass seine Wünsche und Absichten für all' sein Tun und Lassen irrelevant wären. Gleichzeitig leuchtet ihm unmittelbar ein, dass jeder psychische Ablauf sich dadurch erklärt, indem er einem bestimmten Ort im Gehirn zugeordnet wird. Das ist allerdings viel leichter zu verstehen, als die neue Rede von der Polyfunktionalität des Gehirns, d.h. von dem Umstand, dass viele verschiedene Funktionen im Gehirn zusammenwirken müssen, damit auch nur die einfachste psychische Erscheinung entstehen kann, oder dass ein und dasselbe ›Hirnzentrum‹ für viele verschiedene psychische Leistungen zuständig ist.

Beispiele für sensationelle Aufmacher gibt es unzählige. Ein einziges mag hier genügen: Unter dem Titel »Neuroscientists awaken ghosts … hidden in our cortex« wird in einer Internet-Selbstdarstellung – es handelt sich um eine offizielle Werbeseite zur Popularisierung der eigenen Forschungsbemühungen – eine Versuchsanordnung einer Forschergruppe um Olaf Blanke von der École polytechnique fédérale de Lausanne (EPFL) mit folgendem Versprechen präsentiert:

> »Ghosts only exist in our minds, and we know precisely where to look for them. Patients suffering from neurological or psychiatric conditions have often reported a strange ›feeling of a presence‹. EPFL researchers have now succeeded in recreating this illusion in the laboratory« (EPFL, 2014).

Ein Kurz-Video illustriert die im Text beschriebene Versuchsanordnung. Eine Versuchsperson führt willkürliche Bewegungen vor ihrem Körper aus. Hinter ihr reproduziert ein Roboter in Realzeit diese Bewegungen an ihrem Rücken: »The result is a kind of spatial discrepancy, but because of the synchronized movement of the robot, the participant's brain is able to adapt and correct for it.« Danach führten die Forscher eine zeitliche Verzögerung zwischen der Bewegung der Versuchsperson und der Bewegungsreproduktion des Roboters ein. Unter diesen asynchronisierten Bedingungen konnten die Forscher schließlich – explizit wenigstens bei einigen Versuchspersonen – die Vorstellung der Anwesenheit von Geistern hervorbringen. Und dann wird hurtig sich der Spekulation ergeben:

> »›Our experiment induced the sensation of a foreign presence in the laboratory for the first time. It shows that it can arise under normal conditions, simply through conflicting sensory-motor signals‹, explained Blanke. ›The robotic system mimics the sensations of some patients with mental disorders or of healthy individuals under extreme circumstances. This confirms that it is caused by an altered perception of their own bodies in the brain‹« (ebd.).

Gleich im nächsten Absatz wird – in Hinblick auf die Schizophrenie – diese ganze spekulative Anstrengung geradewegs als »explaining a phenomenon« bezeichnet (ebd.).

Einer medialen Berichterstattung entgegen kommt auch die besondere Rolle, die Bilder in der gegenwärtigen Forschung spielen. Die sogenannten bildgebenden Verfahren liefern bunte Bilder, die den Gestaltungsnormen der Medien entsprechen. Nur selten wird aber erklärt, wie diese Bilder zustande kommen und was die Einfärbungen eigentlich bedeuten. So bleibt der unkundige Leser unaufgeklärt, dass es sich bei den bildlich veranschaulichten Messwerten nicht um absolute Größen, sondern bloß um Differenzwerte handelt. Im Unklaren gelassen wird auch die Frage, warum gerade diese eine Bild gezeigt wird und nicht ein anderes. Weil es am besten zu den Hypothesen passt?

Mittlerweile gibt es auch empirische Befunde, die zeigen, dass die Glaubwürdigkeit von psychologischen Erklärungen durch (mit-)abgedruckte Hirnbilder erhöht wird. Das gilt insbesondere für unplausible Texte: für die Erklärung selbst irrelevantes Bildmaterial vermag einfach durch seine Präsenz Unplausibles plausibler erscheinen zu lassen. Der Effekt zeigt sich – für die massenmediale Verbreitung der Botschaften der Hirnforschung nicht unwesentlich – nur bei Nicht-Experten, also bei Laien (Weisberg et al., 2008).

Noch ein weiterer Aspekt ist wichtig: Die Medien bedürfen kundiger Informanten. Sozialwissenschaftler – so hat man den Eindruck – scheuen eher das Licht der Öffentlichkeit, als dass sie sich in öffentliche Debatten einmischen. Psychologische Fragestellungen und Probleme können, weil sie bisweilen unmittelbar das Leben der Rezipienten tangieren, auf großes Interesse der Mediennutzer zählen. Weil die wissenschaftliche Psychologie aber so ungern zu brennenden Zeitproblemen Stellung nimmt (Parin, 1978), ist eine Art Vakuum entstanden, in das sich die Hirnforscher – in permanenter Überschreitung der engen Grenzen ihrer eigentlichen, wissenschaftlichen Kompetenz – nur allzu gerne und damit auch allzu leicht hineindrängen lassen.

Warum gerade auch die Psychologie sich so anfällig zeigt für neurowissenschaftliche Wissenschaftspropaganda, ist historisch zu erklären: Denn von Anfang geriert sich die Psychologie gleichsam als ›Adler'scher Fall‹: Ihr Minderwertigkeitsgefühl gegenüber den Naturwissenschaften treibt sie in die Überkompensation.

Als die europäische Psychologie damit angetreten ist, Bewusstseinsvorgänge mit naturwissenschaftlichen Methoden zu untersuchen, sah sie sich einigen schwierigen Methodenproblemen gegenübergestellt. Die Kant'schen Einwände (Kant, 1786) gegen die Möglichkeit einer wissenschaftlichen »Seelenlehre« waren über die Jahrzehnte hinweg wirksam geblieben: Erstens, dass die Psychologie keine *eigentliche* Wissenschaft sein könne, weil die Mathematik auf die –

wie Kant sagte – »Phänomene des inneren Sinns« nicht anwendbar wäre. Anders als die physischen Phänomene würden die psychischen Erscheinungen nur in der Zeit, als zeitlicher Ablauf, gegeben sein. Die Zeit ist eindimensional, die Anwendung der Mathematik setze aber das Vorhandensein wenigsten einer zweiten Dimension voraus. Diese fehlende zweite Dimension glaubte dann Herbart (1824/25) in der Intensität des Psychischen gefunden zu haben: Vorstellungen existieren nicht nur als zeitlicher Ablauf, sondern auch als in der Zeit sich ständig ändernde Intensitäten. Diese wechselnde Intensität würde sich als variierende Klarheit manifestieren, mit der eine Vorstellung im Bewusstsein zur Darstellung kommt. Herbart entwickelte ein System spekulativer Gleichungen, ohne einen Ansatzpunkt für eine Messung zu geben. Eben daran knüpfte Fechner (1860) an. Das Grundproblem der klassischen Psychophysik war, psychische Intensitäten – in der Sprache Fechners: Empfindungsstärken – analog zur Physik, d.h. mit in der Physik prinzipiell akzeptierbaren messtheoretischen Modellvorstellungen zu bestimmen. Seit jeher fürchtet die Psychologie, dass dieser Anspruch auf naturwissenschaftliche Exaktheit aufseiten der Physik zurückgewiesen werden könnte. Daher ihr unablässiges Bemühen, es in methodischer Hinsicht der Physik gleichzutun.

Kants zweiter Einwand betraf die Möglichkeit einer *experimentellen* Seelenlehre. Paradebeispiel für eine uneigentliche, aber experimentelle Wissenschaft war für Kant die Chemie. Ein Experimentieren nach der Art der Chemie sei in der Seelenlehre undenkbar, »weil sich in ihr das Mannigfaltige der inneren Beobachtung nur durch bloße Gedankenteilung voneinander absondern, nicht aber gesondert aufbehalten und beliebig wieder verknüpfen, noch weniger aber ein anderes denkendes Subjekt sich uns unseren Versuchen der Absicht angemessen von uns unterwerfen lässt« (Kant, 1786, S. 16). Weil die Chemie für die sich herausbildende Psychologie nie eine Leitwissenschaft gewesen ist, erwies sich dieser Einwand als wenig tragfähig. Und dennoch: das spätere Beharren auf das Experiment als zentrale Forschungsmethode der Psychologie mag sich auch daraus nähren: aus dem Bemühen, die frühe Kant'sche Beschränkung in der Methodologie zu überwinden.

Der dritte Kant'sche Einwand hat sich als wesentlich gewichtiger erwiesen: In der Erforschung von psychischen Phänomenen muss die Beobachtung Selbstbeobachtung sein. Gegen die Brauchbarkeit der Introspektion als wissenschaftliche Methode, genauer: gegen die Möglichkeit, eine Naturgeschichte des Seelischen auf Introspektion zu gründen, hatte Kant aber eingewandt, dass im

Falle der Selbstbeobachtung der Akt der Beobachtung den Vorgang, der unter Beobachtung steht, alterieren oder verstellen könnte (ebd., S. 16). Dieses Argument ist für lange Zeit unwidersprochen geblieben. Der unmittelbare Zugang zum Erleben, zu bewussten mentalen Vorgängen stand der Psychologie also nicht zur Verfügung. Neue, andere methodische Zugänge mussten erschlossen werden. Man kann letztlich die ganze Geschichte der Psychologie vor diesem Hintergrund erzählen: Aus der Art und Weise, wie mit dem sogenannten Introspektionsproblem verfahren worden ist, lassen sich wie von selbst die großen Grundrichtungen, Paradigmen der Psychologie erklären. Allen diesen Grundrichtungen gemeinsam ist die Notwendigkeit, den je spezifischen methodischen Zugang zu Erleben und Verhalten besonders zu legitimieren. Auch daraus erklärt sich dieser Hang der Psychologen zum Methodenfetischismus.

Dieses fortgesetzte Streben nach methodischer Exaktheit hat ihren Preis: Die Verallgemeinerbarkeit vor allem experimenteller Ergebnisse auf den Alltag ist nur in den seltensten Fällen gegeben. Dies trifft insbesondere auch für Studien mit bildgebenden Verfahren zu. Das Innere des Tomografen ist eines mitnichten: eine alltägliche Lebenssituation!

Der mangelnden ökologischen Validität ihrer Befunde sind sich Neurowissenschaftler – gelegentlich zumindest – durchaus bewusst. Sie bleiben dennoch guter Dinge. In dem Lehrbuch von Bellebaum et al. (2012) z. B. findet sich eine interessante Zukunftsvorstellung darüber, wie man auch komplexe soziale Phänomene, insbesondere aber Interaktionen zwischen Personen neurowissenschaftlich untersuchen wird: Sozialpsychologische Forschung sei möglich, wenn man zwei oder mehrere Personen in getrennten Scannern platziert, die so verbunden sind, dass die Probanden miteinander kommunizieren können. Natürlich haben Bellebaum et al. damit Recht, dass das ein »realer Interaktionskontext« ist. Jeder Kontext, der tatsächlich hergestellt wird, ist real – womit aber noch lange nicht geklärt ist, ob er auch sinnvoll ist. »Real« will offenbar suggerieren, dass die Kommunikation über Röhren hinweg auch ökologisch valide ist. Abgesehen vom recht merkwürdigen Umfeld – man stelle sich dazu noch den Lärm vor, den die Apparatur erzeugt! Kommunikation reduziert auf das Drücken von Knöpfen und das als Antwort auf Aufgaben, die mit »realen« Anforderungen in der Welt da draußen nichts zu tun haben. Die Aufgaben werden auch dadurch nicht valider, wenn man sie mit dem großen Wort »Spieltheorie« ummäntelt. Auch ohne Hirnforschung krankt die experimentelle Sozialpsychologie eben daran: dass die Untersuchungsparadigmen mit der Lebensrealität der

Menschen nichts zu tun haben. Überspitzt formuliert, könnte man sagen, dass im Eigentlichen erforscht wird, wie Versuchspersonen (das sind Menschen, die mit ihrem Mantel auch gleich ihre Lebensgeschichte an der Garderobe zum Labor abgeben) sich in Situationen, die ihnen völlig gleichgültig sind und daher äußerlich bleiben, den Instruktionen des Versuchsleiters gemäß verhalten. Angesichts der Anregung im Lehrbuch von Bellebaum et al. steht zu befürchten, dass die Einbindung der Neurowissenschaften die Lage der Sozialpsychologie in dieser Hinsicht weiter verschlimmern wird. Viel mehr als praktisch völlig irrelevante spieltheoretische Veranstaltungen wird dieses Fach, das an Universitäten im Zuge der Umstellung auf das sogenannte Bologna-Modell ohnehin aus den Lehrplänen für fortgeschrittene Studierende zu verschwinden droht, nach seiner empirisch-exakten Fundierung in den Neurowissenschaften wohl kaum zustande bringen.

Interessant ist, dass Lebensferne oft den Befunden der Psychologie, nicht aber den Erkenntnissen der Neurowissenschaft vorgehalten wird. Grund dafür ist auch die Zurückhaltung, mit der Psychologen in der Öffentlichkeit agieren. Ganz anders hingegen die Neurowissenschaftler: Ihre Omnipräsenz in den Medien ist weiter oben im Text schon zur Sprache gekommen. Die »weltbildgebenden Auftritte« (Gehring, 2004) von Hirnforschern wie Gerhard Roth oder Wolf Singer haben im öffentlichen Bewusstsein nachhaltige Spuren hinterlassen. Die mit großem Erfolg behauptete Meinungsführerschaft in Bezug auf soziale, pädagogische, gesundheitspolitische etc. Themen hat zu einer Sonderstellung neurowissenschaftlicher Projekte im Rahmen der öffentlichen Forschungsförderung geführt. Das Versprechen auf die Visualisierung des Gehirns in Aktion scheint besonders gut dazu geeignet, riesige Summen an Forschungsgeldern zu mobilisieren. Die Psychologie wollte an dieser einseitigen Verteilung von Mitteln partizipieren und auf den fahrenden Zug aufspringen: mit letztlich für das Fach fatalen Konsequenzen. Zum einen führte der Aufschwung der Neurowissenschaften zur Einrichtung von Lehrstühlen zumeist an medizinischen Universitäten bzw. Fakultäten, von denen aus ganz selbstverständlich psychologisch relevante Fragestellungen bearbeitet wurden und immer noch werden. Für eine gleichzeitige Expansion psychologischer Planstellen fehlte es an den Universitäten an Geld und – was noch wichtiger ist – an guten Argumenten: Was sollten Professoren z. B. für Allgemeine Psychologie leisten, was nicht auch von den Lehrkanzeln der Medizin aus – und das mit mehr Ressourcen und weitaus größerem Prestige – geleistet werden konnte. Zum anderen versuchten Psychologie-Institute, ihr Lehrangebot mehr und mehr zugunsten biologischer – vor allem eben neurophysiologischer – Lehrveranstaltungen auszuweiten. Mittelfristig hatte dies zur Folge, dass in Lehrstuhlbeschreibungen neurobiologische Kompetenzen einen immer prominenteren Stellenwert einnahmen. Erst als Psychologie-Lehrstühle dann tatsächlich auch an Biologen und Medizinern verlorengegangen waren, hat die Psychologie damit begonnen, ihre eigene Selbstaufgabe kritisch zu hinterfragen (Jäncke & Petermann, 2010).

Schließlich sind die enormen Kosten der Forschung mit bildgebenden Verfahren zu berücksichtigen. Die Anschaffung eines Magnetresonanztomografen ist extrem teuer; jedes Tesla Feldstärke kostet in etwa 1 Million Euro. Von den Maschinen geht ein ›Nutzungszwang‹ aus: »Durch laufende Personal- und Wartungskosten wird der Druck erhöht, die kostbare Messzeit für Experimente zu verwenden, ob man gerade eine gute Idee hat oder nicht« (Schleim, 2011, S. 178). Die hohen Investitionskosten führen dazu, dass die Anschaffung der Maschinen und die Datenanalyse zunehmend an private, d. h. gewinnorientierte Unternehmen ausgelagert werden. Diese Kommerzialisierung des Forschungsprozesses bedingt wiederum, dass die Autoren einer Studie keine Kontrolle mehr darüber haben, wie die Daten, die sie interpretieren, zustande gekommen sind (Dick & Hasson, 2010).

Es sind also nicht zuletzt scheinbar wirtschaftliche Zwänge, die Forschungsgruppen dazu bringen, an der einmal eingeschlagenen Forschungsstrategie festzuhalten. Zweifel an der Sinnhaftigkeit werden zumeist unterdrückt. So verfängt die Wissenschaft sich in der Denkfalle der versunkenen Kosten: Früher getätigte Investitionen beeinflussen entgegen jedes betriebswirtschaftlichen Kalküls auf die Zukunft bezogene forschungsrelevante Entscheidungen. Das alles bindet Forschungsmittel, die für andere Zwecke nicht zur Verfügung stehen. Die vollmundigen Versprechungen des Memorandums von 2004 blieben unerfüllt. Trotz der weitgehenden praktischen Irrelevanz der hirnwissenschaftlichen Forschung verschlingt sie Jahr um Jahr mehr Forschungsmittel – öffentliche Gelder vor allem, Steuergelder.

Kapitel 9

Ausblick

In den vorangegangenen Kapiteln haben wir schwerwiegende Bedenken gegen die Neuropsychologie formuliert. Es gilt jetzt, die Frage nach Alternativen zu stellen. Die Psychologie versteht sich als Naturwissenschaft. Das ist insbesondere dann problematisch, wenn das Fach sich am Vorbild der Physik orientiert. Die Physik gewinnt ihren Gegenstand durch Abstraktion von allen Bedeutungen und Sinngehalten. Ziel ist eine Messung im CGS-System (Zentimeter, Gramm, Sekunden) oder in einem davon abgeleiteten Messsystem. In der Psychologie dagegen geht es um Bedeutungen und Sinngehalte, also gerade um das, was in der Physik zwangsläufig außen vor bleibt.

Psychologische Aussagen können grundsätzlich aus drei Perspektiven formuliert werden:

- aus der Perspektive des erlebenden Subjekts (erste Person);
- aus der Perspektive eines Gesprächs- bzw. Dialogpartners (zweite Person);
- aus der Perspektive eines Beobachters (dritte Person).

Die naturwissenschaftliche Psychologie bezieht sich ausschließlich auf die Perspektive des Beobachters. Die Neuropsychologie bietet eine Erweiterung der Beobachtungsmöglichkeiten, sie kann jedoch niemals die Perspektive der ersten Person ersetzen. Die Nichtreduzierbarkeit der Perspektive der ersten Person auf die Beobachterperspektive ergibt sich aufgrund folgender Überlegung: Sagt eine Person »ich sehe rot« oder »ich denke an Wien«, »ich habe Angst« oder »ich habe Schmerzen«, so weiß sie aufgrund ihres unmittelbaren, privilegierten Zugangs von diesem Phänomen.

> »Jedenfalls dann, wenn ich gerade an Wien denke, wird mich kein Experte oder Beobachter davon überzeugen können, dass ich eigentlich gerade an ein Himbeereis gedacht habe [...]. Kein Argument eines Physiologen (wie aufwendig seine Untersuchungen, seine Daten und Experimente auch immer sein mögen) könnte mich je davon überzeugen, dass ich mich darin getäuscht habe, gerade einen Schmerz empfunden zu haben« (Greve, 1996, S. 112).

Bedeutungen und Sinngehalte von Handlungen oder Ereignissen werden durch die Kultur vermittelt (Bruner, 1997). Daher ist eine Psychologie, die sich mit Bedeutungen und Sinngehalten beschäftigt, eine kulturwissenschaftliche Psychologie oder Kulturpsychologie. Bedeutungen und Sinngehalte können in Form von Texten dargestellt werden, die einer Interpretation bedürfen (Straub, 1999). Unklare Bedeutungen können in Dialogen geklärt werden. Auch die Psychoanalyse ist daher eine Kulturwissenschaft.

Eine kulturwissenschaftliche Psychologie muss in ihrer Forschung jedoch nicht auf die Perspektive des Subjekts oder auf die Perspektive des Dialogpartners beschränkt bleiben. Auch die Perspektive des Beobachters kann eingenommen werden – und zwar immer dann, wenn durch das menschliche Zusammenleben erzeugte Artefakte im Fokus der Aufmerksamkeit stehen: So kann man z. B. die Sprache – in Form von Schrift aber auch in Form von Sprechhandlungen – aus einer Beobachtungsperspektive untersuchen. Analoges gilt etwa für Kunstwerke oder Alltagsgegenstände, vom Füllfederhalter bis zur Badegarnitur, für Feiertage und Altäre, kurz: Es gilt also für beliebige Objektivationen menschlichen Handelns (Boesch, 1991). Allgemein formuliert: Einrichtungen, oder besser Institutionen, die die Menschen in ihrem sozialen Zusammenleben hervorbringen, vermögen individuelles Handeln zu orientieren. Oder anders: Der Sinn einer Handlung ist doppelt vorhanden: einmal als ›subjektiver Sinn‹, das ist die Sinngebung aus der Perspektive der ersten, oder, wenn das Erleben einer Person durch eine andere erfragt wird – aus der Perspektive der zweiten Person; und dann als ›objektiver‹, als sozialer Sinn, das ist der Sinn, die Bedeutung, die der soziokulturelle Kontext (z. B. ein Ritus) einer Handlung verleiht. Prinzipiell gilt, dass beide Sinnebenen nicht deckungsgleich sind. Jemand kann in einer gegebenen Situation ihr sinngemäß handeln, ohne dass ihm der Sinngehalt der Situation explizit bewusst sein muss. Das bedeutet, dass sinnvolles Handeln in Bezug auf den sozialen Sinn möglich ist, ohne dass der objektive Sinn der Situation eingesehen werden muss. Allerdings ist ein Handeln ohne subjektive Sinngebung nicht möglich. Daraus ergeben sich für die Sozialforschung wichtige methodische Konsequenzen: Es hieße, Sozialforschung auf Konsumentenforschung zu reduzieren, wenn man die Untersuchung auf die Rekonstruktion der Perspektive der ersten Person beschränkt. Wenn eine überwiegende Mehrheit der Befragten angibt, dass Schokolade A besser, süßer, kühler etc. schmeckt als Schokolade B, dann schmeckt Schokolade A einfach besser, süßer, kühler. Es wäre sinnlos, dahinter einen wie auch immer verborgenen Sinn zu suchen. Andererseits ist uns das, was wir als sozialen Sinn bezeichnet haben, nicht immer direkt, sondern eben bloß vermittelt durch die Erzählungen einzelner zugänglich. Und zwar deshalb nicht *direkt* zugänglich, weil die handelnden Personen zwar Experten ihrer Alltagspraxis, nicht aber Experten in der Erfassung des sozialen Gehalts einer Situation sind. Den sozialen Sinn einer Situation bewusst aufzufassen, setzt andere kognitive Kompetenzen voraus, als dem eigenen Erleben subjektiven Sinn zu verleihen. Wir müssen gleichsam hinter die subjektiven Erzählungen blicken, oder besser: unter der Ebene des subjektiven Sinns den objektiven zu rekonstruieren versuchen.

Des Weiteren: Das, was wir den subjektiven Sinn genannt haben, ist stets »überdeterminiert« (Freud). Das bedeutet, dass es neben den Gründen, die dem handelnden Subjekt bewusst sind, auch noch andere – ihm nicht bewusste – subjektive Gründe geben kann. Boesch (1980) spricht in diesem Zusammenhang von »Polyvalenz«: Nehmen wir an, dass Person A und Person B eng miteinander befreundet sind und Person A von Person B ein Geschenk erhalten hat. Nach einem Streit verlangt B sein Geschenk zurück. Wenn A nun dem Wunsch von B Folge leistet, so mag er sich dabei denken, dass er nachgibt, also der Person B etwas Gutes tut. Gleichzeitig – eben das bedeutet »Polyvalenz« – steckt in dieser Handlung etwas Aggressives: Die widerstandslose Rückgabe des Geschenks ist eine Geringschätzung: »Sieh her, wie wenig mir deine Gabe eigentlich wert ist!« Und zwar unabhängig davon, ob A diese seine Tendenz zur Kränkung von B bewusst ist.

9.1 Übersicht über kulturpsychologische Ansätze

Versuche, eine Kultur einbeziehende Psychologie (culture inclusive psychology) zu entwerfen, sind so alt wie die akademische Psychologie selbst. Boesch und Straub (2007) führen in ihrer Übersicht zumindest die wichtigsten Namen der

Wegbereiter der Kulturpsychologie an: Lazarus und Steinthal (1860), in partiell kritischer Absetzung Wundts Völkerpsychologie (Wundt, 1911), dann – zumindest im Freud'schen Spätwerk (z. B. Freud, 1930) deutlich zutage tretend – die kulturkritische Psychoanalyse, zur selben Zeit die auf Dilthey (1894) zurückgehende Tradition einer »Geisteswissenschaftlichen Psychologie«, deren Hauptvertreter, der wertkonservative Eduard Spranger (1921), das Handeln des Subjekts sozusagen von außen, von den kulturellen Einrichtungen und Leistungen her zu erfassen versucht hat, und die »Kulturhistorische Schule«, insbesondere das bahnbrechende Werk Lew Vygostkijs (1934). Dass diese Ansätze, wie Straub und Boesch schreiben, »in Vergessenheit« geraten sind, bedarf einer Präzisierung. Letztlich scheint uns – zumindest was die Lage der Psychologe im deutschen Sprachraum betrifft – die Sache mit der berühmten Dilthey-Ebbinghaus-Kontroverse (Dilthey, 1894 & Ebbinghaus, 1896) erledigt worden zu sein: Die sich mehr und mehr auf ein naturwissenschaftliches Selbstverständnis einengende Scientific-Community der Psychologen fasste das Ergebnis der Auseinandersetzung kurz und prägnant in die Formel zusammen, dass die Psychologie einer ›geisteswissenschaftlichen Ergänzung‹ nicht bedürfe. Positiv formuliert bedeutet dies, das eine naturwissenschaftliche Psychologie alles zu erklären vermag, was psychologisch relevant ist. Eine Auffassung, die eben heute noch von Vertretern wie Verehrern neurowissenschaftlicher Forschung in der Psychologie geteilt wird.

Erst im letzten Drittel des 20. Jahrhunderts wurde ›Kultur‹ in der Psychologie wieder ein Thema und zwar zunächst in Form der sogenannten *cross-cultural psychology* (kulturvergleichenden Psychologie). Wichtig ist, den Unterschied zu dem, was später Kulturpsychologie heißen wird, hervorzuheben. Für die nach wie vor dem sich als naturwissenschaftlich verstehenden Mainstream folgende *cross-cultural psychology* war unter ›Kultur‹ nichts anderes zu verstehen als ein Aggregat voneinander unabhängiger Variablen. Mit ›Kultur‹ wird also in derselben (letztlich neobehavioristischen) Art und Weise verfahren wie mit ›Umwelt‹. Kulturpsychologie im eigentlichen Sinn ist aber gerade dadurch charakterisiert, dass sie die gesamte Tradition der Variablenpsychologie (Holzkamp, 1972) entschieden hinter sich lässt. Das wesentliche Argument lässt sich wie folgt entwickeln: Das, was die menschliche Lebenspraxis von anderen natürlichen Lebensformen abhebt, ist, dass sie sinn- und bedeutungsstrukturiert ist. Sinn und Bedeutung können aber nicht in derselben Weise als Effektoren erfasst werden wie etwa Wirkgrößen in der Physik. Weil der Sinn außerhalb der

Welt ist (Wittgenstein, 1921, §6.41), ist er außerhalb der Physik. Die Hervorbringung von Sinn und Bedeutung ist an das Zusammenleben von Menschen gebunden:

> »Sinn kann, das ist die logische Konsequenz, niemals die Hervorbringung eines Einzelnen sein; er entspringt der Beziehung, der Interaktion zwischen Individuen, der geteilten Intentionalität, er ergibt sich aus kooperativem Handeln, ist in und durch die geteilte Praxis konstituiert und wird so zur Möglichkeitsbedingung für eine neue kooperative Praxis. Der Geist fällt also nicht vom Himmel (er schwebt auch nicht über den Köpfen einer ›Kulturgemeinde‹), im Gegenteil, er ist ganz und gar profan: weltimmanent insofern, als er immer schon dem Alltagshandeln inhärent ist. Der Sinn der Handlungen kann selbst zum Gegenstand der intergenerationalen Weitergabe werden, die Menschen haben sich dazu besondere Werkzeuge ›erfunden‹ – Zeichensysteme, symbolische Artefakte, am wichtigsten dabei: die Sprache« (Slunecko & Benetka, 2016).

Die aus der sozialen Praxis hervorgebrachten Artefakte wirken – die Praxis anleitend – wieder auf die Praxis zurück. Es ist dieser Zusammenhang, oder besser: dieser fortwährende Prozess des Hervorbringens von subjektivem und sozialem Sinn in und durch das alltägliche Handeln, den die Kulturpsychologie verstehen will.

Was aber soll ›verstehen‹ bedeuten? Weil Sinn und Bedeutung von Alltagshandlungen, erstens, den Handelnden selbst nicht unmittelbar einsichtig sind und, zweitens, auch von einer Außenperspektive nicht direkt erfasst werden können, weil also Sinn und Bedeutung, egal von welcher Perspektive aus betrachtet, stets diffus und unklar sind, weil Sinn und Bedeutung sich nicht von selbst zeigen, bedarf es der Explikation und Interpretation. Was Kulturpsychologen also tun, ist, Sinnstrukturen offen zu legen. Verstehen ist somit nichts anderes als Explikation von Sinn – wobei freilich gilt, dass die je vorgeschlagene Explikation stets Konsensfähigkeit anstrebt, dass sich also ein Konsens der Interpreten findet (Werbik, 1987). Dieses Ideal ist freilich oft nicht zu erreichen. Dafür sprechen bereits die kontingenten, niemals vollständig bewusst zu machenden Wissensgrundlagen interpretativen Verstehens. Diese sind letztlich in historischen Lebensformen und soziokulturellen Praxen begründet. Sich widersprechende und widerstreitende Interpretationsergebnisse bezeugen also oft auch die Diversität und Heterogenität dieser Lebensformen und Praxen. Auch in solchen Ergebnissen liegt mithin eine wichtige Quelle kulturpsychologischer Erfahrungs- und Erkenntnisbildung (Straub, 1999).

Kulturpsychologie ist eine empirische Wissenschaft, hat aber im Gegensatz zur Neuropsychologie einen anderen Begriff von Empirie: Was die Neurowissenschaftler unter Empirie verstehen, ist die Herstellung und Kontrolle von Bedingungen, um jene Phänomene im Labor hervorzubringen, die sie dann beobachten. Kulturpsychologen hingegen gehen vom Vorfindlichen aus, vom wirklichen Leben der Menschen. Man kann in diesem Zusammenhang von einer Rehabilitierung des aristotelischen Erfahrungsbegriffs (ἐμπειρία) sprechen. Die allgemeinste Methode der Kulturpsychologe ist die Explikation: Vage oder diffuse Bedeutungen werden durch klare, genaue Bedeutungen ersetzt, wobei zwischen Explikandum und Explikat eine Äquivalenzrelation angenommen wird. Diese Verfahrensweise ermöglicht einen Konsens der Interpreten, der allerdings zeitgebunden ist, weil der Interpretationsprozess grundsätzlich nie abgeschlossen ist.

Ausgangspunkt: Die Kognitive Wende der Psychologie

Der Anspruch des Behaviorismus, die Psychologie allein auf die Begriffe Reiz und Verhalten zu gründen, ließ sich letztlich nicht verwirklichen. Dafür waren verschiedene Gründe maßgebend: erstens, der biologische Einwand, dass nämlich die Verallgemeinerung der an bestimmten Tieren in – man denke an die Skinner-Box! – *künstlichen* experimentellen Versuchsanordnungen gewonnenen Lerngesetze nicht einfach möglich ist, weil – von Spezies zu Spezies verschiedene – biologische Dispositionen den Aufbau von Verknüpfungen zwischen Verhalten und bestimmten Reizsituationen wesentlich mitbestimmen; zweitens, dass insbesondere das Auftreten neuer und offenbar zielgerichteter Verhaltensweisen sich mithilfe der Prinzipien der klassischen oder der operanten Konditionierung, d. h. also ohne Rückgriff auf ›innere‹ Vorgänge nur sehr umständlich beschreiben lassen. Drittens schließlich Chomskys Kritik (Chomsky, 1959) an Skinners *Verbal Behavior* (Skinner, 1957): dass schon die Sprachentwicklung von Kindern ohne die Wirksamkeit eines ›Regelbewusstseins‹ nicht zu erklären ist – ein Regelbewusstsein, das noch dazu selbst dann wirksam ist, wenn ein Sprecher gar nichts davon weiß, wie die Regel funktioniert.

Die Lösung der Krise, in die der Behaviorismus gegen Ende der fünfziger Jahre geraten war, brachte die sogenannte kognitive Wende der Psychologie, der sehr verschiedene Motive und Zielvorstellungen zugrunde lagen: von einer funktionalistischen Erweiterung der behavioristischen Begriffssprache um ›mentale‹ Vorgänge bis eben hin zur Wiedereinführung von Sinn und Bedeutung in die Psychologie. Oder anders ausgedrückt: zwischen einer Reform des Behaviorismus und der radikalen Zurückweisung seiner reduktionistischen Programmatik.

Angesichts des die Nachkriegszeit dominierenden Glaubens an die Segnungen des technischen Fortschritts ist es in der Rückschau nicht verwunderlich, dass sich die kognitive Wende rasch an aktuelle technische Entwicklungen anpasste. Die neuen Computerwissenschaften wurden zum Vorbild für die Modellierung kognitiver Prozesse als Informationsverarbeitung: so als ob der menschliche Geist funktionieren würde wie ein Computer. Der Teufel wurde mit dem Beelzebub ausgetrieben: das alte mechanistische Menschenbild nur durch eines neues mechanistisches ersetzt. Zitterbarth und Werbik (1987) haben in diesem Zusammenhang von der »Halbherzigkeit« der kognitiven Wende gesprochen: halbherzig, weil sie psychische Vorgänge zwar wieder berücksichtigt, aber die Funktionsweise des Geistes bloß auf durch Maschinen zu simulierende Abläufe beschränkt hat. Typisch dafür ist das TOTE-Modell von Miller, Galanter und Pribram (1960). Halbherzig schließlich aber auch deshalb, weil sie am Methodenrepertoire des Behaviorismus festgehalten hat.

Diejenigen, die mehr wollten, die das Psychische nicht beschränkten wollten auf Kognitionen, Sinn und Bedeutung nicht auf Information, fanden durch die Originalität ihrer Experimente zunächst durchaus Gehör. Man denke nur an die Untersuchungen zur sozialen Wahrnehmung. Untrennbar sind diese Pionierarbeiten mit dem Namen Jerome Bruner verbunden. Bruner & Goodman (1947) z. B. zeigten, dass die Größenschätzung von Münzen abhängt von den Bedürfnissen und Werthaltungen der zehnjährigen Versuchspersonen; oder Bruner & Postman (1949), die den Einfluss von Erwartung und Wissen auf die Geschwindigkeit des Erkennens von Spielkarten demonstrierten. Diese und viele ähnliche Experimente wurden vom Mainstream als New Look der Wahrnehmungspsychologie etikettiert und umstandslos in den Kanon der Arbeitsweise der experimentellen Psychologie aufgenommen. Die zentrale theoretische Konsequenz aber, dass Sinn und Bedeutung nicht nur konstitutiv, sondern wesentlich sind für alle Arten von Wahrnehmungsprozessen, wurde von der Scientific Community der Experimentalpsychologen nicht gezogen.

In kritischer Absetzung vom Kognitivismus der Mainstream-Psychologie rückte Bruner eben die Erzeugung von Sinn und Bedeutung in den Mittelpunkt seiner Psychologie. Eine zentrale Rolle kommt dabei dem Gerichtetsein menschlicher Erfahrungen und Handlungen zu. Es sind diese intentionalen Zustände und Prozesse – das Glauben, Wollen, Hoffen etc. der Menschen –, die im Zusammenwirken mit anderen Menschen Kultur hervorbringen; und andererseits ist die konkrete Form der intentionalen Strukturen selbst wieder nur durch die Teilhabe an der Kultur verwirklicht. In seinem bahnbrechenden Buch *Acts of meaning* (Bruner, 1990a; dt. 1997) betonte Bruner die Wichtigkeit der von der Psychologie im Allgemeinen völlig vernachlässigten Alltagspraxis der Menschen, d. h. der Art und Weise, wie Menschen in ihren alltäglichen Interaktionen Bedeutungen hervorbringen, die ihrem Handeln Sinn und Orientierung geben. Im Gegensatz zum eliminativen Materialismus im Sinne von Churchland wird die sogenannte Alltags- oder Laienpsychologie (folk psychology) »als wichtiger Bestandteil des Selbst- und Weltverständnisses sowie des impliziten Handlungswissens eines Kollektivs betrachtet« (Boesch & Straub, 2007, S. 62).

All das hat natürlich auch eine methodische Konsequenz:

> »Eine Kulturpsychologie ist eine interpretative Psychologie durchaus in dem gleichen Sinne, in dem die Geschichte, die Anthropologie und die Linguistik interpretative Disziplinen sind. Das bedeutet aber nicht, dass sie ohne Grundsätze oder ohne (auch harte) Methoden auskommen muss. Sie sucht die Regeln festzustellen, nach denen Menschen in kulturellen Kontexten Bedeutungen erzeugen. Diese Kontexte sind immer *Kontexte der Praxis*: es ist immer notwendig zu fragen, was Menschen in einem bestimmten Kontext *tun* oder zu tun *versuchen*« (Bruner, 1997, S. 126).

Unabhängig von Bruners Arbeit hat im deutschen Sprachraum Ernst E. Boesch eine dem Bruner'schen Ansatz durchaus verwandte symbolische Handlungstheorie und Kulturpsychologie entwickelt (Boesch & Straub, 2007, S. 62). Zentraler Begriff bei Boesch ist die »Polyvalenz« der Handlung. Damit ist gemeint, dass in ein und derselben Handlung mehrere Ziele realisiert werden können. Diese polyvalente Struktur einer Handlung erläutert Boesch an folgendem Beispiel:

> »Nehmen wir das Modellieren eines Tongefäßes. Ein solches gehört entweder zu der Kategorie von Küchengeräten oder zu der von Schmuckgegenständen; es gehört weiter zur Gruppe runder und hohler Objekte, die zerbrechlich sind, die man kaufen, herstellen oder verschenken kann. Im Gegensatz zu sauberen Tätigkeiten, wie etwa dem Weben, ist das Modellieren eine schmutzige Arbeit; es gehört aber auch zu den ›weichen‹ Tätigkeiten, im Gegensatz zu ›harten‹ wie etwa dem

Holzspalten. Es ist schöpferisch und nicht konsumierend. Weiter gehört das Töpfern in die Handlungsbereiche ›Familie‹ oder ›Arbeit‹, zuweilen auch in den der ›Freizeit‹, und es ist mit verschiedenen anderen Tätigkeiten verbunden, wie Kochen, Verkaufen, Handeln, Schmücken, Ausstellen, Lehren. Benutzt man das Gefäß, um Getreide oder Konserven aufzubewahren, verweist es auf die kommenden Jahreszeiten, aber auch auf Nahrungsreserven, also Geborgenheit. Benutzt man es, um darin der Reisgöttin ein Opfer darzubringen, impliziert es die Gefahren oder die Versprechungen der Natur wie des Übernatürlichen« (Boesch, 1991, S. 110; zit. n. der dt. Übersetzung von Boesch & Straub, 2007, S 57–58).

Die einzelnen Verweisungen der Handlung »Töpfern« sind, wie dargestellt, symbolisch repräsentiert, daher nennt Boesch seine Theorie eine symbolische Handlungstheorie (Boesch, 1991). Symbole sind von der unmittelbaren Gebundenheit an die ›Natur‹ der Objekte gelöste Verweisungen. Weil es sich von der direkten Bezogenheit gelöst hat, vermag ein Symbol eben mehr zu repräsentieren als bloß das Objekt selbst: z. B. auch konkrete Erfahrungen mit dem Objekt, daher auch Gefühle, Wertungen etc. Boesch spricht in diesem Zusammenhang von »Symbolvarianz« eines Zeichens:

> »Durch seine Symbolvarianz wird das Handeln notwendigerweise, über die sachlichen Verbindungen hinaus, zu einem weit verzweigten sinnstiftenden Tun. Handeln, so betrachtet, integriert den Menschen fortwährend in seine Kultur, und deshalb betrachtet Boesch die symbolische Handlungstheorie als die einer Kulturpsychologie angemessene Sichtweise. Natürlich geht es dabei nicht nur um konkrete Dinge, Ereignisse und Handlungen, sondern ebenso sehr um imaginierte, fantasierte Wirklichkeiten. Das ›innere‹ und verdeckte Handeln ist nicht minder Bestandteil der Kultur als das ›praxische‹ und offene, individuelle Erlebnisse, Erwartungen und ›Fantasmen‹ sind ebenso wichtig wie intersubjektive Inhalte und (soziale)Mythen« (Boesch & Straub, 2007, S. 59).

9.2 Beispiel: Autobiografische Erzählungen als empirisches Material der Kulturpsychologie

Die Anfänge der wissenschaftlichen Erforschung des Gedächtnisses bei Ebbinghaus (1885) haben erstaunlich hartnäckige Spuren im kollektiven Gedächtnis unserer Kultur hinterlassen. Wenn man im Internet zum Begriff Gedächtnis recherchiert, sind sicher drei viertel aller Treffer auf Informationen bezogen, die sich unmittelbar aus der Ebbinghaus'schen Forschungstradition herleiten lassen: Informationen über Gedächtnishemmungen, Lernstrategien, Trainingsprogramme zur Steigerung der Merkfähigkeit etc. Bekannt ist, dass Ebbinghaus seine Untersuchungen, erstens, an sich selbst und, zweitens, mit sinnfreiem Material – den berühmten sinnlosen Silbenreihen – durchgeführt hat. Eben daran, dass Ebbinghaus das Gedächtnis über das Behalten von sinnfreien Lernstoffen untersucht hat, setzt Frederick Charles Bartlett (1932) mit seiner grundlegenden Kritik an. Der Grundtenor dieser Kritik lässt sich in etwa in folgende Formel bringen: Wer – wie Ebbinghaus es getan hat – glaubt, durch eine weitgehende Reduktion der Komplexität des Lernmaterials eine weitgehende Ausschaltung des subjektiven Moments der Gedächtnisvorgänge zu erreichen, um somit diese Gedächtnisvorgänge rein, d. h. isoliert von anderen psychischen Vorgängen und vorangegangenen lebensgeschichtlichen Erfahrungen untersuchen zu können, wer also auf diesem Wege *das* Gedächtnis *an sich* erfassen will, der abstrahiert dabei vielleicht gerade von jenen Aspekten, die das eigentliche Wesen der Gedächtnisvorgänge ausmachen. Im Alltag erinnern wir uns eben nur sehr selten an einfache, sinnlose Reize, sondern an komplexe Gegebenheiten und Ereignisse, die Bedeutung für unser Handeln und Leben besitzen. Ist es nicht gerade so, dass Gedächtnis und Erinnerung geradezu *die* Funktion haben, unserem Leben Sinn und Bedeutung zu verleihen? Das, was Bartlett an Ebbinghaus also vor allem kritisiert hat, ist die Lebensferne seiner experimentellen Inszenierungen, ihre praktische Irrelevanz für das Verstehen unserer alltäglichen Lebenspraxis.

Im Unterschied zu Ebbinghaus hat Bartlett daher mit sinnhaftem Material experimentiert. Er gab seinen Versuchspersonen eine Geschichte vor, die sie zweimal hintereinander still für sich durchlesen sollten. Das Besondere daran war, dass es sich dabei um eine für europäische Leser und Leserinnen fremdartige Erzählung aus dem Geschichtenschatz nordamerikanischer Indianer handelte. Der Text trug den Titel *The War of the Ghosts* und bot eine Geschichte, die aufgrund der als unzusammenhängend erscheinenden Erzählstruktur und der magischen Erzählelemente, die sie enthielt, alles andere als leicht zu verstehen war. Nach 15 Minuten sollten die Versuchspersonen den Text schriftlich möglichst genau nacherzählen. Die Nacherzählungen, die Bartlett dabei erhielt, waren in der Regel wesentlich kürzer als das Original, Eigennamen wurden nicht richtig erinnert, Details ausgelassen etc. Das alleine ist für sich noch nicht besonders bemerkenswert. Bartlett interessierte sich nämlich für eine besondere Art von Fehler in den Reproduktionen: Für den Leser verwirrende Details – insbesondere aber die »magischen Erzählelemente« – wurden weggelassen, andere, für den Leser plausible Details wurden hinzugefügt. Im Ganzen erhielt die Erzählung bei der Reproduktion eine Art von logisch-rationaler Neuordnung: In der Erinnerung glichen die (britischen) Leser das Gelesene sozusagen ihrer eigenen Erfahrungswelt, ihren eigenen Erwartungen an logisch konsistente Geschichten an. Das ›Fremde‹ wurde nostrifiziert. Es erwies sich gerade nicht als – buchstäblich – ›merkwürdig‹, sondern gab Anlass für Nacherzählungen, die für die Versuchspersonen Sinn ergaben und – auch das ist bemerkenswert – ihren eigenen Interessen und Bedürfnissen entgegenkamen. Bartlett sprach von einer Tendenz zur Rationalisierung, die in den Reproduktionen sichtbar wurde: Wann immer etwas verwirrend oder unbegreiflich ist, wird es weggelassen oder ›erklärt‹, d. h. umgedeutet.

Die eigentliche Pointe in der von Bartlett vorgeschlagenen Methode ist, dass Bartlett seinen Versuchspersonen – und zwar in ganz unregelmäßigen Zeitabständen – immer wieder eine Nacherzählung derselben Geschichte abverlangte (Methode der wiederholten Reproduktion). Dabei konnte er zeigen, dass die bei der ersten Reproduktion von jeder Versuchsperson je individuell erzeugte Form oder Struktur der Nacherzählung über alle späteren Reproduktionen hinweg weitgehend unverändert bestehen bleibt. Bartlett sprach in diesem Zusammenhang von einer »persistence of form«. Die Versuchspersonen bringen also die verwirrende Ursprungsgeschichte durch Auslassungen und Umdeutungen in eine neue Form, in eine neue Ordnung; sie arrangieren das Material zu einer neuen Geschichte. Diese neue allgemeine Form der Nacherzählung bleibt dann über relativ lange Zeiträume stabil erhalten, sie wird, um die Sache auf den Punkt zu bringen, also gut erinnert. Bartlett nannte diese neukonstruierte Form oder Struktur der Nacherzählung ein Schema. Er definierte diesen Begriff zunächst sehr allgemein als aktive Organisation vergangener Reaktionen oder Erfahrungen. In der Anwendung auf seine Gedächtnisexperimente erhielt das Schema aber eine mehr auf das Kognitive eingeengte Bedeutung: Es handelt sich um eine Art organisierte Wissenseinheit, um ein geordnetes Wissen über einen bestimmten Realitätsbereich (z. B. über den Aufbau von Geschichten in unserer Kultur), das die Identifizierung komplexer Sachverhalte und damit Orientierung in der Welt ermöglicht. Solche Schemata erleichtern das Behalten und das Erinnern von Erlebnissen oder neu angeeignetem Wissen: Was an Details z. B. in einer gelesenen Geschichte den vorhandenen Schemata entspricht, den vorhandenen Erwartungshaltungen also konform geht, wird behalten, also richtig reproduziert. Und umgekehrt: Was quer läuft zu den vorhandenen Schemata, wird – schemagerecht – umgedeutet oder ›vergessen‹, d. h. weggelassen. Die Bartlett'sche Theorie als Formel ausgedrückt: Die Fakten und Details, die Versuchspersonen in Gedächtnisexperimenten ›erinnern‹, sind stets konsistent mit den vorhandenen Schemata – ganz gleich ob diese Fakten und Details mit den realen Situationen, auf die sie bezogen sind, übereinstimmen oder nicht. Gedächtnis- und Erinnerungsleistungen sind keine bloß reproduktiven Tätigkeiten, sondern produktive oder konstruktive Leistungen. Erinnern ist also ein Aspekt aktiven, kreativen Denkens.

Die Stärke von Bartletts Ansatz liegt darin, dass er die für die Kulturpsychologie so wichtige Differenzierung zwischen subjektivem und sozialem Sinn buchstäblich vorwegnimmt. Bartlett interessieren nämlich Schemata sowohl in Bezug auf ihre interindividuelle Verschiedenheit (subjektiver Sinn), als auch in Bezug auf den Umstand, dass Menschen innerhalb einer Kulturgemeinschaft bestimmte Schemata gemeinsam haben müssen, um ein Zusammenleben zu ermöglichen (sozialer Sinn).

Neuere kulturpsychologische Untersuchungen, die, wie Straub (2015), das autobiografische Gedächtnis thematisieren, bleiben den Vorarbeiten Bartletts verpflichtet. Die Art und Weise, wie das autobiografische Erzählen charakterisiert wird, lässt sich sehr einfach auf die Mechanismen beziehen, die Bartlett beschrieben hat: »Neuere Theorien der autobiografischen Erinnerung sind sich darin einig, dass ›Lebensrückblicke‹ nichts so ›wieder‹-geben, wie es dereinst wirklich geschehen ist und war. Bloße Erfindungen sind solche Reminiszenzen gleichwohl nicht« (ebd., S. 1; vgl. dazu auch die profunde Studie von Brockmeier, 2014).

Straub ist ein führender Vertreter der »narrativen Psychologie« (z. B. Straub, 1998). Deren Grundpostulate sind einfach und sehr plausibel: Menschen sind – um mit Valsiner (2014) zu sprechen – *compulsive sense-makers*: Sie verleihen ihrem eigenen Erleben Sinn und Bedeutung durch Erzählungen. Diese Erzählungen können an den Erzähler selbst oder an andere gerichtet werden. Wichtig ist – eben das ist die Weiterführung des Ansatzes von Bartlett –, dass diese Erzählungen und Geschichten in der Gegenwart erzeugt werden. Die Erzähler versuchen, aus der Perspektive des Hier und Jetzt eine konsistente Geschichte über vergangenes Erleben zu formulieren. Erinnern ist – insofern es dem episodisch-autobiografischen Gedächtnis zugeordnet werden kann – in hohem Maße der Akt des Erzählens. Jedoch lässt sich nicht alles, was (fragmentarisch und diffus zumindest) erinnert wird, erzählen und in die Gestalt einer konsistenten Geschichte bringen. Traumatische Erlebnisse zeigen das eindrucksvoll.

In der kulturpsychologischen Forschung wird die Perspektive des Subjekts durch die Perspektive der zweiten Person – des Interviewers – vermittelt. Bedeutsam ist nicht nur das, was gesagt, sondern auch all das, was nicht gesagt wird. Das Nicht-Gesagte kann nur durch einen interpretativen Prozess, durch Rekonstruktion, erschlossen werden. Die Fruchtbarkeit dieses Ansatzes zeigt sich z. B. in Untersuchungen zur intergenerationellen Weitergabe von Erinnerungen. Markus Zöchmeister (2013) hat Familiengeschichten von NS-Verfolgten aufgezeichnet und lebensgeschichtliche Interviews mit Überlebenden, mit deren Söhnen und Töchtern und Enkelkindern durchgeführt: Für die Überlebenden – für die erste Generation – ist die erfahrene Nähe zum Tod nicht symbolisierbar.

> »Das bedeutet, dass das, was diese Menschen erlebt, was diese Menschen erfahren haben, dass das Trauma zwar erinnert, aber nicht erzählt werden kann. Es ist wie ein Riss in der eigenen, individuellen Biografie und damit natürlich – transgenerationell – zugleich auch wie ein Riss in der Geschichte einer Familie. Das Unausgesprochene ist – ›atmosphärisch‹, wie man sagt – beständig da, es begleitet das Auf- und Heranwachsen der nachfolgenden Generationen. In den Interviews mit den Söhnen und Töchtern der Überlebenden der Shoah und in den Interviews mit deren Söhnen und Töchtern – in den Interviews mit drei Generationen in jeder Familie also – kann Zöchmeister zeigen, wie die Nachkommen mit dem Nicht-zur-Sprache-Gebrachten umgehen, wie sie für sich versuchen, das Nicht-zu-Symbolisierende zu symbolisieren, um damit ganz zu machen, was ganz zu machen letztlich gar nicht geht: die Geschichte der eigenen Familie« (Benetka, 2014, S. 280).

Damit ist sehr einfach und plausibel der Prozess der – weitgehend unbewusst bleibenden – Vermittlung von Erfahrungen über mehrere Generationen hinweg beschrieben.

Das Beispiel der transgenerationalen Erinnerung zeigt, dass in den an die Sprache gebundenen Erzählungen mehr an Sinn transportiert wird, als in den sprachlichen Aussagen selbst enthalten ist: Auch das Nicht-Gesagte hat Sinn. Aber das ist nur ein Aspekt in Bezug auf die Rolle sprachlicher Äußerungen in Erzählungen. Es gibt ›Geschichten‹ oder besser ›Episoden‹, die überhaupt ohne Sprache und ohne Bewusstsein an andere mitgeteilt werden. Straub nennt diese »ganz und gar leibgebundenen« Erinnerungen in Anlehnung an Freuds Begriff des Agierens »aktional«:

> »Das Agieren bezeichnet eben […] nicht allein eine spezifische Weise der Abwehr oder Verdrängung, die gegen das drohende Bewusstwerden ehemaliger Erlebnisse mobilisiert wird. Sie stellt vielmehr *ebenso* einen besonderen *Modus des Erinnerns* dar, nämlich ein unbewusstes, ganz und gar leiblich-körperliches Erinnern, das *performativ* etwas andeutet oder zeigt, was zugleich verschleiert und verborgen wird (also unbewusst bleibt)« (Straub, 2015, S. 14).

Diese Überlegungen zeigen, dass das Erinnern ein höchst komplexer psychischer Prozess ist, der mit den methodischen Möglichkeiten der Neuropsychologie nicht darstellbar ist. Die handlungstheoretisch ausgerichtete Kulturpsychologie zeigt indes methodische Wege des Verstehens auch der angeführten Beispiele autobiografischen Erinnerns und Erzählens auf. Vielfach hat sie solche Wege in den vergangenen Jahrzehnten erfolgreich beschritten und dabei sowohl unser empirisches Wissen als auch unsere theoretische sowie methodische Expertise bereichert (Brockmeier, 2014).

Kapitel 10

Ziele unserer Streitschrift

(1)

Die Psychologie ist dabei, ihre Selbstständigkeit aufzugeben. Die Signale sind nicht zu übersehen: Vorlesungen zur Allgemeinen Psychologie werden durch Einführungen in die Kognitions- und Neurowissenschaften ersetzt; ganze Schwerpunkte in Masterprogrammen sind umbenannt – ausdrücklich vermieden ist eine Spezifizierung auf Psychologie; Lehrstühle werden auf Genetik, Epigenetik, biologische Grundlagen etc. umdefiniert. Eine Streitschrift, wie Wilhelm Wundt sie unter dem Titel *Die Psychologie im Kampf ums Dasein* (Wundt, 1914) verfasst hat, ist – unter veränderten Rahmenbedingungen – immer noch aktuell. Wie bei Wundt geht es darum, die institutionellen Konsequenzen für das Fach, d. h. für seine Stellung an der Universität und im Gesamt der Wissenschaften aufzuzeigen: Absehbar ist, dass sie als eigenständiges Fach an manchen Universitäten bald nicht mehr vertreten sein wird.

(2)

Die drohende Auslöschung der Psychologie spiegelt sich in der Vernachlässigung der Theoriebildung. Auch darauf hat Wundt hingewiesen: dass die Psychologie mit der Aufgabe ihrer Anbindung an die Philosophie sich Defizite im Bereich der Theoriebildung einhandeln werde. Die Geschichte scheint Wundt in dieser Hinsicht Recht gegeben zu haben: Was vorherrscht, ist ein Hang zur bloßen Datensammlerei, statt Theorien werden theoretische Minitrends gegeben. Diese ohnehin schon bedenkliche Entwicklung wird im Zuge der Anbiederung an die Neurowissenschaften verschärft. Man kann sich des Eindrucks nicht erwehren, dass neuropsychologische Forschung in der Interpretation ihrer Ergebnisse über unausgegorene Alltagspsychologie nicht allzu weit hinauskommt.

(3)

Für die Zukunft der Psychologie fatal ist, dass die neurowissenschaftliche Forschung einen großen Teil an Fördermittel an sich bindet. Gutachter von Forschungsprojekten scheinen sich – und zwar in derselben Art und Weise wie ein gebildetes Laienpublikum – von der bloßen Existenz und Buntheit der Hirnbilder blenden zu lassen. Eine kritischere Haltung täte not – eine wissenschaftliche Haltung, die etwa auch die Nicht-Replizierbarkeit vieler Einzelbefunde und im Allgemeinen auch die geringe Reliabilität von neurowissenschaftlichen Untersuchungen zu berücksichtigen imstande ist; von der oft theoretischen Irrelevanz vieler Befunde ganz zu schweigen.

(4)

Das erkenntnisleitende Interesse der Naturwissenschaft ist die Beherrschung der Natur. Beherrschung der Natur heißt vor allem auch, sie verfügbar zu machen für politische und/oder wirtschaftliche Interessen. Die »Naturalisierung« des Psychischen vermag eben das zu leisten: Psychisches soll verfügbar werden für Herrschaftsinteressen. Dagegen stellen wir ein emanzipatorisches Interesse: Die wissenschaftliche Psychologie soll zur Entwicklung einer Kultur des mitmenschlichen Umgangs beizutragen – und das nicht nur durch die Resultate ihrer Forschung, sondern auch dadurch, wie sie diese Forschung ausführt: als Dialog zwischen Forscher und Forschungspartnern (vgl. Kaiser & Werbik, 2012 & Kertscher & Werbik, 2014)

Die Neuropsychologie und verwandte Strömungen sind ungeeignet, viele lebenspraktisch relevante Probleme empirisch und theoretisch gewinnbringend zu erforschen. Zahlreiche drängende Lebensfragen lassen sich methodisch nur angemessen im Rahmen einer handlungs-, sozial- und kulturwissenschaftlichen Psychologie bearbeiten. In neurowissenschaftlicher Perspektive wird es – gemessen an den aktivierten Hirnarealen und weiteren neuralen Befunden – z. B.

ziemlich einerlei sein, ob jemand gerade zu Allah betet oder aber zu Maria. Für die Muslima und den Katholiken – für deren Selbstverständnis und soziale Beziehung – ist dieser Unterschied womöglich von entscheidender Bedeutung. Aber nicht nur Fragen des religiösen Glaubens, sondern auch viele weitere global bedeutsame Sachverhalte und Entwicklungen sind in den Händen der Neurowissenschaften eher schlecht aufgehoben; man denke etwa an die von Albert Einstein an Freud gerichtete Frage »Warum Krieg?«, an Fragen der Anerkennung und Toleranz in Migrationsgesellschaften oder auch an das ökologische Bewusstsein in der globalisierten Welt. Wer würde von der Neuropsychologie aufschlussreiche, weiterführende Antworten in diesen Bereichen erwarten – ernsthaft? Auch die Neuropsychologie ist von begrenztem Wert. Sie wird indes bezüglich ihrer Errungenschaften und Möglichkeiten oft überschätzt. Das sollte man wissen.

Literatur

Ach, N. (1905). *Über die Willenstätigkeit und das Denken. Eine experimentelle Untersuchung mit einem Anhange: Über das Hippsche Chronoskop*. Göttingen: Vandenhoeck & Ruprecht.

Axmacher, N., Kessler, H. & Waldhauser G. T. (2014). Editorial on psychoanalytical neuroscience: exploring psychoanalytic concepts with neuroscientific methods. *Frontiers in Human Neuroscience, 8*, Article 674. doi: 10.3389/fnhum.2014.00674

Bartlett, F.C. (1932). *Remembering. A study in experimental and social psychology*. Cambridge: Cambridge University Press.

Beckermann, A. (2012). Willensfreiheit – ein Überblick aus kompatibilistischer Sicht. In ders., *Aufsätze. Bd. 2: Erkenntnistheorie, Philosophie und Wissenschaft, Willensfreiheit* (S. 267–287). Bielefeld: Universitätsbibliothek Bielefeld.

Bellebaum, C., Thoma, P. & Daum, I. (2012). *Neuropsychologie*. Wiesbaden: Verlag für Sozialwissenschaften.

Benetka, G. (2002). *Denkstile der Psychologie. Das 19. Jahrhundert*. Wien: WUV.

Benetka, G. (2007). Freud und die modernen Neurowissenschaften. *Werkblatt, 24*(58), 25–40.

Benetka, G. (2014). Buchbesprechung: Markus Zöchmeister, Vom Leben danach. Eine transgenerationelle Studie über die Shoa. Gießen: Psychosozial Verlag, 2013. *Psychologie in Österreich, 34(4)*, 280.

Benetka, G. & Guttmann,G. (2005). Neuropsychologie in Österreich. Die universitäre Perspektive. In J. Lehrner, G. Pusswald, E. Fertl, W. Stubreiter & I. Kryspin-Exner (Hrsg.). *Klinische Neuropsychologie. Grundlagen, Diagnostik, Rehabilitation* (S. 3–14). Wien: Springer.

Bennett, M. R. & Hacker, P. M. S. (2012). *Die philosophischen Grundlagen der Neurowissenschaften*. 2.Aufl. Darmstadt: Wissenschaftliche Buchgesellschaft.

Berger, H. (1929). Über das Elektroenkephalogramm des Menschen. *Archiv für die Psychiatrie, 87*, 527–570.

Bieri, P. (Hrsg.) (1981). *Analytische Philosophie des Geistes*. Königstein/Taunus: Hain.

Bieri, P. (2001). *Das Handwerk der Freiheit: Über die Entdeckung des eigenen Willens*. München: Hanser.

Birbaumer, N. (2004). Hirnforscher als Psychoanalytiker. In C. Geyer (Hrsg.), *Hirnforschung und Willensfreiheit. Zur Deutung der neuesten Experimente* (S. 27–29). Frankfurt a. M.: Suhrkamp.

Bode, S., He, A.H., Soon, C.S., Trampel, R., Turner, R. & Haynes, J.D. (2011). Tracking the unconscious generation of free decisions using ultra-high field fMRI. *PLoS One*, *6*(6): e21612.

Boesch, E.E. (1980). *Kultur und Handlung. Einführung in die Kulturpsychologie*. Bern: Huber.

Boesch, E.E. (1991). *Symbolic action theory and cultural psychology*. Berlin: Springer.

Boesch, E.E. (2000). *Das lauernde Chaos. Mythen und Fiktionen im Alltag*. Bern: Huber.

Boesch, E.E. & Straub, J. (2007). Kulturpsychologie. Prinzipien, Orientierungen, Konzeptionen. In H.J. Kornadt & G. Tromsdorff (Hrsg.), *Kulturvergleichende Psychologie. Enzyklopädie der Psychologie*(S. 25–95). Serie VII, Themenbereich C »Theorie und Forschung«. Göttingen: Hogrefe.

Boubela, R.N., Kalcher K., Huf, W., Seidel, E.M., Derntl, B., Pezawas, C.N. & Moser, E. (2015). fMRI measurements of amygdala activation are confounded by stimulus correlated signal fluctuation in nearby veins draining distant brain regions. *Nature. Scientific Reports, 2015 May 21*; 5:10499. doi: 10.1038/srep10499

Brentano, F.(1874). *Psychologie vom empirischen Standpunkte*. Leipzig: Duncker & Humblot.

Brockmeier, J. (2014). *Beyond the archive. Memory, narrative, and the autobiographical process*. Oxford: Oxford University Press.

Bruner, J. (1990a). *Acts of meaning*. Cambridge MA: Harvard University Press.

Bruner, J. (1990b). *Das unbekannte Denken: Autobiographische Essays*. Stuttgart: Klett-Cotta.

Bruner, J. (1997). *Sinn, Kultur und Ich-Identität: Zur Kulturpsychologie des Sinns*. Heidelberg: Auer.

Bruner, J.S. (1998). Vergangenheit und Gegenwart als narrative Konstruktionen. In J. Straub (Hrsg.), *Erzählung, Identität und historisches Bewusstsein. Zur psychologischen Konstruktion von Zeit und Geschichte* (S. 46–80). Frankfurt a.M.: Suhrkamp.

Bruner J. & Goodman, C.C. (1947). Value and need as organizing factors in perception. *Journal of Abnormal and Social Psychology, 42*, 33–44.

Bruner, J. & Postman, L. (1949). On the perception of incongruity: a paradigm. *Journal of Personality, 18*, 206–223.

Brüntrup, G.(1996). *Das Leib-Seele-Problem*. Stuttgart: Kohlhammer.

Chomsky, N. (1959). Verbal Behavior by B.F. Skinner. *Language, 35*(1), S. 26–58.

Churchland, P.M. (1979). *Scientific realism and the plasticity of mind*. London: Cambridge University Press.

Churchland, P.M. (1984). *Matter and consciousness: A contemporary introduction to the philosophy of mind*. Cambridge, MA: MIT Press.

Churchland, P.M. (1989). *A neurocomputational perspective: The nature of mind and the structure of science*. Cambridge, MA: MIT Press.

Churchland, P.M. (1997). *Die Seelenmaschine. Eine philosophische Reise ins Gehirn*. Heidelberg: Spektrum.

Churchland, P.M. (2007). *Neurophilosophy at work*. London: Cambridge University Press.

Churchland, P.M & Churchland, P.S. (1998). *On the contrary: Critical essays, 1987–1997*. Cambridge, MA: MIT Press.

Churchland, P.S. (1986). *Neurophilosophy. Toward a unified science of the mind-brain*. Cambridge, MA: MIT Press.

Crick, F. (1994). *Was die Seele wirklich ist*. München: Artemis & Winkler.

Damasio, A.R. (1995 [2004]). *Descartes' Irrtum. Fühlen, denken und das menschliche Gehirn*. Berlin: Ullstein.

Delgado, J.M.R. (1971). *Physical control of the mind. Toward a psychocivilized society*. New York: Harper & Row.

Dick, A. S. & Hasson, U. (2010). Outsourcing neuroimaging data analysis: Implications for scientific accountability and issues in the public interest. *Trends in Cognitive Sciences, 14*(1), 2–4.

Dilthey, W. (1894 [1957]). Ideen über eine beschreibende und zergliedernde Psychologie. In ders., *Gesammelte Schriften, Bd. V* (S. 139–240). Stuttgart: Teubner.

Ebbinghaus, H. (1885). *Über das Gedächtnis. Untersuchungen zur experimentellen Psychologie.* Leipzig: Duncker & Humblot.

Ebbinghaus, H. (1896). Über erklärende und beschreibende Psychologie. *Zeitschrift für Psychologie und Physiologie der Sinnesorgane, 9*, 161–205.

École polytechnique féderale de Lausanne (EPFL) (2014). *Neuroscientists awaken ghosts… hidden in our cortex.* Verfügbar unter: http://actu.epfl.ch/news/neuroscientists-awaken-ghosts-hidden-in-our-cortex/ (letzter Zugriff am 12.10.2015).

Elger, C.E., Friederici, A.D., Koch, C., Luhmann, H., Menzel, R., Monyer, H., Rösler, F., Roth, G., Scheich, H., Singer, W. & von der Malsburg, C. (2004). Das Manifest. *Gehirn und Geist, 6*, 30–37.

Epikur, (1982). *Briefe – Sprüche – Werkfragmente.* Hg. von H.W. Krautz. Stuttgart: Reclam.

Fechner, G.T. (1848). *Nanna oder über das Seelenleben der Pflanzen.* Leipzig: Voss.

Fechner, G.T. (1851). *Zend-Avesta oder über die Dinge des Himmels und des Jenseits. Vom Standpunkt der Naturbetrachtung.* 2. Bde. Leipzig: Voss.

Fechner, G.T. (1860). *Elemente der Psychophysik.* 2 Bde. Leipzig: Breitkopf und Härtel.

Fuchs, T. (2007). *Das Gehirn – ein Beziehungsorgan. Eine phänomenologisch-ökologische Konzeption.* München: Kohlhammer.

Fleck, L. (1935 [1980]). *Entstehung und Entwicklung einer wissenschaftlichen Tatsache. Einführung in die Lehre vom Denkstil und Denkkollektiv.* Frankfurt a.M.: Suhrkamp.

Frankfurt, H.G. (2007). *Sich selbst ernst nehmen.* Frankfurt a.M.: Suhrkamp.

Freud, S. (1917). Vorlesungen zur Einführung in die Psychoanalyse. *GW XI.*

Freud, S. (1920). Jenseits des Lustprinzips. *GW XII* (S. 3–63).

Freud, S. (1930). Das Unbehagen in der Kultur. *GW XIV* (S. 421–516).

Friedman, L., Stern, H., Brown, G.G., Mathalon, D.H., Turner, J., Glover, G.H., Gollub, R.L., Lauriello, J., Lim, K.O., Cannon, T., Greve, D.N., Bockholt, H.J., Belger, A., Mueller, B., He, J.,Wells, W., Smyth, P., Pieper, S., Kim, S., Kubicki, M., Vangel, M. & Potkin, S.G. et al. (2008). Test-retest and between-site reliability in a multicenter fMRI study. *Human Brain Mapping, 29*, 958–972.

Geertz, C. (1973). *Interpretations of cultures.* New York: Basic Books.

Gehring, P. (2004). »Es blinkt, es denkt«. *Philosophische Rundschau, 51*, 273–295.

Gehring, P. (2006). *Was ist Biomacht? Vom zweifelhaften Mehrwert des Lebens.* Frankfurt a.M.: Campus.

Greve, W. (1996). Erkenne Dich selbst? Argumente zur Bedeutung der »Perspektive der ersten Person«. *Sprache & Kognition, 15*, 104–119.

Grünbaum, A. (1988). *Die Grundlagen der Psychoanalyse.* Stuttgart: Reclam.

Guttmann, G. (1967). Periodizitäten im Frequenzverlauf der hirnelektrischen Ruheaktivität. *Zeitschrift für Experimentelle und Angewandte Psychologie, 14*(3), 394–406.

Guttmann, G. (1968). Hirnelektrische Korrelate einfacher Wahrnehmungen: Das akustisch evozierte Potential als Abbild psychischer Prozesse. *Studia Psychologica, Vydavatelstvo slovenskej akademie vied, Bratislava, 10*(3), 200–213.

Habermas, J. (1968). *Erkenntnis und Interesse.* Frankfurt a.M.: Suhrkamp.

Habermas, J. (1981). *Theorie des kommunikativen Handelns.* 2 Bde. Frankfurt a.M.: Suhrkamp.

Haggard, P. & Eimer, M. (1999). On the relation between brain potentials and the awareness of voluntary movements. *Experimental Brain Research, 126*, 128–133.

Han, B.-Ch. (2014). *Psychopolitik. Neoliberalismus und die neuen Machttechniken*. Frankfurt a. M.: Fischer.

Harlow, J. M. (1869). *Recovery from the passage of an iron bar through the head.* Boston: Clapp & Son.

Hartmann, D. (2000). Willensfreiheit und die Autonomie der Kulturwissenschaften. *Handlung, Kultur, Interpretation, 9*(1), 66–103.

Hasler, F. (2012). *Neuromythologie. Eine Streitschrift gegen die Deutungsmacht der Hirnforschung.* Bielefeld: transcript.

Hastedt, H. (1988). *Das Leib-Seele-Problem*. Frankfurt a. M.: Suhrkamp.

Herbart, J. F. (1824/25). *Psychologie als Wissenschaft, neugegründet auf Erfahrung, Metaphysik und Mathematik*. 2 Bde. Königsberg: Unzer.

Hobbes, T. (1651 [1996]). *Leviathan*. Hamburg: Meiner.

Hobbes, T. (1654 [1969]). Of liberty and necessity. In D. D. Raphael (Hrsg.), *British Moralists: 1650–1800. Vol.* 1 (S. 61–70). Oxford: Oxford University Press.

Holzkamp, K. (1972). *Kritische Psychologie. Vorbereitende Arbeiten.* Frankfurt a. M.: Fischer.

Holzkamp, K. (1983). *Grundlegung der Psychologie*. Frankfurt a. M.: Campus.

Honderich, T. (2002). Determinism as true, compatibilism and incompatibilism as false, and the real problem. In R. Kane (Hrsg.), *Oxford handbook of free will* (S. 461–476). Oxford: Oxford University Press.

Hume, D. (1758 [1993]). *Eine Untersuchung über den menschlichen Verstand.* Hamburg: Felix Meiner.

Jäncke, L. & Petermann, F., (Hrsg.), (2010). Themenheft: Wie viel Biologie braucht die Psychologie. *Psychologische Rundschau,61*(4).

Jäncke, L. (2012). Möglichkeiten und Grenzen neurowissenschaftlicher Ansätze in der Psychiatrie: Eine neuropsychologische Perspektive. In H. Böker & E. Seifritz (Hrsg.). *Psychotherapie und Neurowissenschaften* (S. 82–102). Bern: Huber.

Janich, P. (2009). *Kein neues Menschenbild. Zur Sprache der Hirnforschung.* Frankfurt a. M.: Suhrkamp.

Jung, C. G., (Hrsg.), (1906*). Diagnostische Assoziationsstudien. Beiträge zur experimentellen Psychopathologie.* Band I. Leipzig: Barth.

Jung, C. G., (Hrsg.), (1910). *Diagnostische Assoziationsstudien. Beiträge zur experimentellen Psychopathologie.* Band II. Leipzig: Barth.

Kane, R. (1998). *The Significance of Free Will.* Oxford: Oxford University Press.

Kant, I.(1781[1974]). Kritik der reinen Vernunft. Riga: J. F. Hartknoch. In ders., *Werkausgabe Bde. III und IV.* Frankfurt a. M.: Suhrkamp.

Kant, I. (1786 [1977]). Metaphysische Anfangsgründe der Naturwissenschaft. In ders., *Schriften zur Naturphilosophie. Werkausgabe Bd. IX* (S. 7–135). Frankfurt a. M.: Suhrkamp.

Kant, I. (1788 [1974]). Kritik der praktischen Vernunft. Riga: J. F. Hartknoch. In ders., *Werkausgabe Bd. VII.* Frankfurt a. M.: Suhrkamp.

Kaiser, H. J. & Werbik, H. (2012). *Handlungspsychologie.* Göttingen: Vandenhoeck & Ruprecht.

Kertscher, J. & Werbik, H.(2014). *Handeln: Sind wir Menschen rational?* Göttingen: Vandenhoeck & Ruprecht.

Kiefer, M. (2009). Neurowissenschaftliche Methoden. In W. Kempf & M. Kiefer (Hrsg.), *Forschungsmethoden der Psychologie. Bd. 3: Natur und Kultur* (S. 207–267). Berlin: Regener.

Knaup, M. (2012). *Leib und Seele oder mind and brain? Zu einem Paradigmenwechsel im Menschenbild der Moderne.* Freiburg: Karl Alber.

Kornhuber, H.H. & Deecke, L. (1965). Hirnpotenzialänderungen bei Willkürbewegungen und passiven Bewegungen des Menschen. Bereitschaftspotenzial und reafferente Potentiale. *Pflügers Archiv für Gesamte Physiologie 284,* 1–17.

Külpe, O. (1893). *Grundriss der Psychologie. Auf experimenteller Grundlage dargestellt.* Leipzig: Engelmann.

Lazarus, M. & Steinthal, H. (1860 [1997]). Einleitende Gedanken über Völkerpsychologie, als Einleitung zu einer Zeitschrift für Völkerpsychologie und Sprachwissenschaft. In G. Eckardt (Hrsg.), *Völkerpsychologie. Versuch einer Neuentdeckung* (S. 127–202). Weinheim: Psychologie Verlags Union.

Lebowitz, M.S. & Ahn, W. (2014).Effects of biological explanations for mental disorders on clinicians' empathy. *Proceedings of the National Academy of Science, 111(50),* 17786-17790.

Libet, B.(2005). *Mind Time.Wie das Gehirn Bewußtsein produziert.* Frankfurt a.M.: Suhrkamp.

Libet, B., Gleason, C.A., Wright, E.W. & Pearl, D.K. (1983). Time of conscious intention to act in relation to onset of cerebral activity (readiness-potential). *Brain, 106,* 623–642.

Locke, J.(1689 [1981]). *Versuch über den menschlichen Verstand.* Band 1. Hamburg: Felix Meiner.

Lorenzen, P. (1974). *Konstruktive Wissenschaftstheorie.* Frankfurt a.M.: Suhrkamp.

Lorenzer, A. (2002). *Die Sprache, der Sinn, das Unbewusste. Psychoanalytisches Grundverständnis und Neurowissenschaften.* Stuttgart: Klett-Cotta.

Luhmann, N. (1994). *Liebe als Passion. Zur Codierung von Intimität.* Frankfurt a.M.: Suhrkamp.

Luhmann, N. (1997). *Die Gesellschaft der Gesellschaft.* Frankfurt a.M.: Suhrkamp.

Mach, E. (1886 [1906]). *Beiträge zur Analyse der Empfindungen.* 5., vermehrte Auflage unter dem Titel: Die Analyse der Empfindungen und das Verhältnis des Physischen zum Psychischen. Jena: G. Fischer.

Marcuse, H. (1967). *Der eindimensionale Mensch. Studien zur Ideologie der fortgeschrittenen Industriegesellschaft.* Neuwied: Luchterhand.

Markowitsch, H.J. (2004). Warum wir keinen freien Willen haben. *Psychologische Rundschau 55,* 163–168.

Maturana, H.R., Uribe, G. & Frenk, S. (1968). A biological theory of relativistic color coding in the primate retina. *Archivos de biologica y medicina experimentales, 1,* 1-30.

Maturana, H.R & Varela, F.J. (1987). *Der Baum der Erkenntnis: Die biologischen Wurzeln menschlichen Erkennens.* Frankfurt a.M.: Fischer, 2009.

Mataró, M., Jurado, M.A., García-Sánchez, C., Barraquer, L., Costa-Jussà, F.R. & Junqué, C. (2001). Long-term effects of bilateral frontal brain lesion 60 years after injury with an Iron Bar. *Archives of Neurology, 58*(7), 1139–1142.

Mausfeld, R. (2010). Psychologie, Biologie, kognitive Neurowissenschaften. Zur gegenwärtigen Dominanz neurowissenschaftlicher Positionen und zu ihren stillschweigenden Grundannahmen. *Psychologische Rundschau, 61*(4), 180–190.

McEvoy, L.K., Smith, M.E. & Gevins, A. (2000). Test-retest reliability of cognitive EEG. *Clinical Neurophysiology, 111*(3), 457–463.

Miller, G.A., Galanter, E. & Pribram, K.A. (1960). *Plans and the structure of behavior.* New York: Holt, Rhinehart, & Winston.

Müller, G.E. (1896). Zur Psychophysik der Gesichtsempfindungen. Kap 1: Die psychophysischen Axiome und ihre Anwendung auf die Gesichtsempfindungen. *Zeitschrift für Psychologie,* 10, 1–82.

Oppenheim, P. & Putnam, H. (1958). The unity of science as a working hypothesis. In H. Feigl, M. Scriven & G. Maxwell (Hrsg.), Concepts, theories and the mind-body-problem. *Minnesota Studies in the Philosophy of Science, 2,* 3–36. Vol. II. Minneapolis: University of Minnesota Press.

Parin, P. (1978). Warum die Psychoanalytiker so ungern zu brennenden Zeitproblemen Stellung nehmen. *Psyche*, 32(5–6), 385–399.

Pauen, M. (2001). *Grundprobleme der Philosophie des Geistes. Eine Einführung*. Frankfurt a. M.: Fischer.

Pauen, M. (2004). *Illusion Freiheit. Mögliche und unmögliche Konsequenzen der Hirnforschung.* Frankfurt a. M.: S. Fischer.

Pauen, M. & Roth, G. (2008). *Freiheit, Schuld und Verantwortung. Grundzüge einer naturalistischen Theorie der Willensfreiheit*. Frankfurt a. M.: Suhrkamp.

Penfield, W. (1958). *The excitable cortex in conscious man*. Liverpool: Liverpool University Press.

Prinz, W. (2008). Philosophie nervt. Eine Polemik. In P. Spett (Hrsg.), *Zur Zukunft der Philosophie des Geistes* (S. 237–248). Paderborn: Mentis.

Prinz, W. (2013). *Selbst im Spiegel: Die soziale Konstruktion von Subjektivität*. Berlin: Suhrkamp.

Prinz, W. (2014). Freiheitsintuitionen. In F. Lösel & H. Remschmidt (Hrsg.), *Neurowissenschaften und Kriminologie. Monatsschrift für Kriminologie und Strafrechtsreform*, *97*(5/6), 333–344.

Raichle, M. E. (2010). The brain's dark energy. *Scientific American 03/2010*, 44–49.

Reid, T. (1788 [1983]). The Liberty of the Moral Agent. Essays on the Active Powers. In R. E. Beanblossom & K. Lehrer (Hrsg.), *Inquiry and Essays* (S. 297–368). Indianapolis: Hackett Publishing Company.

Roth, G. (2004a). Worüber dürfen Hirnforscher reden – und in welcher Weise? In C. Geyer (Hrsg.), *Hirnforschung und Willensfreiheit. Zur Deutung der neuesten Experimente* (S. 66–85). Frankfurt a. M.: Suhrkamp.

Roth, G. (2004b). Das Problem der Willensfreiheit aus Sicht der Hirnforschung. In Berlin-Brandenburgische Akademie der Wissenschaften (Hrsg.), *Zur Freiheit des Willens. Streitgespräch in der Wissenschaftlichen Sitzung der Versammlung der Berlin-Brandenburgischen Akademie der Wissenschaften am 27. Juni 2003* (S. 83–92). Berlin: BBAW.

Roth, G. (2006). Willensfreiheit und Schuldfähigkeit aus Sicht der Hirnforschung. In G. Roth & K. J. Grün (Hrsg.), *Das Gehirn und seine Freiheit. Beiträge zur neurowissenschaftlichen Grundlegung der Philosophie* (S. 9–28). Göttingen: Vandenhoeck & Ruprecht.

Roth, G. (2012). Die Psychoanalyse aus Sicht der Hirnforschung. In H. Böker & E. Seifritz (Hrsg.). *Psychotherapie und Neurowissenschaften* (S. 73–81). Bern: Huber.

Schleim, S. (2011). *Die Neurogesellschaft (TELEPOLIS). Wie Gehirnforschung Recht und Moral herausfordert.* Hamburg: Heise.

Schmeing, J.-B., Kehyayan, A., Kessler, H., Do Lamm, A. T. A., Fell, J., Schmidt, A.-Ch. & Axmacher, N. (2013). Can the neural basis of repression be studied in the MRI scanner? New insights from two free association paradigms. *PLOS ONE* 8:e62358, doi: 10.1371/journal.pone.0062358

Schönberger, A. (2015). Denkfehlersuche. *Profil vom 22.06.2015*, 88–91.

Schwegler, H. (2001). Reduktionismen und Physikalismen. In M. Pauen & G. Roth (Hrsg.), *Neurowissenschaften und Philosophie* (S. 59–82). München: Fink.

Sellars, W. (1956). Empiricism and the philosophy of mind. In H. Feigl & M. Scriven (Hrsg.), *Minnesota studies in the philosophy of science. Vol. I: The foundations of science and the concepts of psychology and psychoanalysis* (S. 253–329). Minneapolis: University of Minnesota Press.

Singer, W. (2004a). Verschaltungen legen uns fest. Wir sollten aufhören, von Freiheit zu sprechen. In C. Geyer (Hrsg.), *Hirnforschung und Willensfreiheit. Zur Deutung der neuesten Experimente* (S. 30–65). Frankfurt a. M.: Suhrkamp.

Singer, W. (2004b). Großartige Gehirne. *Der Spiegel*, 43, 18.10.2004; http://www.spiegel.de/spiegel/print/d-32499190.html (Zugriff am: 10.12.2015).

Skinner, B. F. (1957). *Verbal behavior*. Acton: Copley Publishing Group.

Slunecko, T. & Benetka, G. (2016). Zwischen Natur- und Geisteswissenschaft: Karl Bühlers Grundlegung der Psychologie. In F. Stadler & J. Friedrich (Hrsg.), *Karl Bühlers Krise der Psychologie. Positionen, Bezüge und Kontroversen im Wien der 1920er/30er Jahre*. Berlin: Springer (in Druck).

Solms, M. (2006). Totgesagte leben länger. *Gehirn und Geist (1/2)*, 50–53.

Soon, C. S., Brass, M., Heinze, H. J. & Haynes, J. D. (2008). Unconscious determinants of free decisions in the human brain. *Nature Neuroscience, 11*(5), 543–545.

Spence, S. A. (2008). Playing Devil's advocate. The case against fMRI lie detection. *Legal and Crininological Psychology, 13*, 11-25.

Spranger, E. (1921). *Lebensformen. Geisteswissenschaftliche Psychologie und Ethik der Persönlichkeit*. 2. völlig neu bearbeitete und erweiterte Auflage. Halle an der Saale: Niemeyer.

Stegmüller, W. (1969). *Probleme und Resultate der Wissenschaftstheorie und Analytischen Philosophie*. Bd. 1. Studienausgabe Teil 3. Berlin: Springer.

Stephan, A. (2005). *Emergenz: Von der Unvorhersagbarkeit zur Selbstorganisation*. Paderborn: Mentis.

Straub, J. (Hrsg.) (1998). *Erzählung, Identität und historisches Bewußtsein. Die psychologische Konstruktion von Zeit und Geschichte*. Frankfurt a. M.: Suhrkamp.

Straub, J. (1999). *Handlung, Interpretation, Kritik. Grundzüge einer textwissenschaftlichen Handlungs- und Kulturpsychologie*. Berlin: De Gruyter.

Straub, J, (2015). Erlebnisgründe in Verletzungsverhältnissen. Unerledigte Vergangenheiten in aktionalen Erinnerungen, persönlichen Selbstverhältnissen und sozialen Praxen. In Angehrn, E. & Küchenhoff, J.(Hrsg.). *Das unerledigte Vergangene. Macht und Grenzen der Erinnerung*. Weilerswist: Velbrück (im Druck).

Strawson, P. (1962 [1978]). Freiheit und Übelnehmen. In U. Pothast (Hrsg.), Seminar: *Freies Handeln und Determinismus* (S. 201–233). Frankfurt a. M.: Suhrkamp.

Thomas von Aquino, (1985). *Summe der Theologie*. 3 Bde. Stuttgart: Kröner.

Tretter, F. & Kotchoubey, B. (2014). Memorandum »Reflexive Neurowissenschaft«. http://www.psychologie-heute.de/home/lesenswert/memorandum-reflexive-neurowissenschaft/ (Zugriff: 21.7.2015).

Vaihinger, H. (1911). *Die Philosophie des Als Ob. System der theoretischen, praktischen und religiösen Fiktionen der Menschheit auf Grund eines idealistischen Positivismus*. Berlin: Reuther & Reichard.

Valsiner, J. (2014). *An invitation to cultural psychology*. London: Sage.

van Inwangen, P. (1983). *An essay on free will*. Oxford: Clarendon Press.

Vygotskij, L. (1934 [2002]). *Denken und Sprechen*. Weinheim: Beltz.

Walser, R. (1985 [1908]). *Der Gehülfe*. Frankfurt a. M.: Suhrkamp.

Wasicky, G. (2012). *Die Maske als Schwellen- und Übergangsort*. Diplomarbeit, Universität Wien.

Watson, J. B. (1913). Psychology as the behaviorist views it. *Psychological Review, 20*, 158–177.

Wegner, D. (2002). *The illusion of conscious will*. Cambridge, MA: MIT Press.

Weisberg, D. S., Keil, F. C., Goodstein, J., Rawson, E. & Gray, J. R. (2008). The seductive allure of neuroscience explanations. *Journal of Cognitive Neuroscience, 20*(3), 470–477.

Werbik, H. (1987). Zur rationalen Annehmbarkeit handlungspsychologischer Aussagen. In J. Brandstätter (Hrsg.), *Struktur und Erfahrung in der psychologischen Forschung* (125–158). Berlin: De Gruyter.

Werbik, H. (1991). Wahlfreiheit und Naturkausalität. *Zeitschrift für Sozialpsychologie 22*(4), 245-255.

Wittgenstein, L. (1921 [1884]). Tractatus logico-philosophicus. In ders., *Werkausgabe. Bd. 1*. Frankfurt a. M.: Suhrkamp.

Wittgenstein, L. (1953 [1984]). Philosophische Untersuchungen. In ders., *Werkausgabe, Bd. 1*. Frankfurt a. M.: Suhrkamp.

Wundt, W. (1911). *Probleme der Völkerpsychologie*. Leipzig: Wiegandt.

Wundt, W. (1913). *Die Psychologie im Kampf ums Dasein*. Leipzig: Kröner.

Zitterbarth, W. & Werbik, H. (1987). Subjektivität als methodisches Prinzip. Argumente und Verfahrensweisen einer dialogisch-verstehenden Psychologie. In J. Kriz, H. E. Lück & H. Heidbrink, *Wissenschafts- und Erkenntnistheorie. Eine Einführung für Psychologen und Humanwissenschaftler* (S. 229–243). Opladen: Leske + Budrich.

Zöchmeister, M. (2013). *Vom Leben danach. Eine transgenerationelle Studie über die Shoa*. Gießen: Psychosozial-Verlag.

Psychosozial-Verlag

Hans-Peter Waldhoff, Christine Morgenroth, Angela Moré, Michael Kopel (Hg.)

Wo denken wir hin?

Lebensthemen, Zivilisationsprozesse, demokratische Verantwortung

2015 · 332 Seiten · Broschur
ISBN 978-3-8379-2463-3

Erst reden, dann denken? – »Lautes Denken« leuchtet individuelle und gesellschaftliche Lern- und Zivilisierungsprozesse, mögliche Denkwege sowie Chancen demokratischer Verantwortung aus.

Von der »allmählichen Verfertigung der Gedanken beim Sprechen« hat Heinrich von Kleist schon vor rund 200 Jahren geschrieben. Die Zuhörenden, Mitdenkenden und Antwortenden sollten dabei involviert werden. Jeder offene Austausch ist gleichzeitig ein Lernprozess und bildet einen vitalen Zugang zur eigenen Person, zu Kommunikationspartnerinnen und -partnern und zu den eigenen wie möglichen gemeinsamen Denkbildern und Gefühlswelten.

Den Beiträgerinnen und Beiträgern geht es um die Entwicklung wissenschaftlicher Erkenntnisse aus subjektiv erfahrenen Besonderheiten kollektiver Prozesse, vor deren Hintergrund sie zu Akteurinnen und Akteuren der gesellschaftlichen und ihrer eigenen Geschichte werden. Sie verknüpfen historische Prozesse mit aktuellen Problemen, geben Impulse für zukunftsweisende Fragestellungen und Konfliktstrategien und hinterfragen zugleich die bewussten und unbewussten Bedingungen in sozialen Lebenszusammenhängen.

Mit Beiträgen von Elke Endert, Michael Fischer, Uwe Herrmann, Michael Kopel, Helmut Kuzmics, Thomas Mies, Angela Moré, Christine Morgenroth, Christoph F. Müller, Oskar Negt, Lothar Nettelmann, Hans-Heinrich Nolte, Lars Rensmann, Nele Reuleaux, Nelly Simonov, Hans-Peter Waldhoff und Cas Wouters

Walltorstr. 10 · 35390 Gießen · Tel. 0641-969978-18 · Fax 0641-969978-19
bestellung@psychosozial-verlag.de · www.psychosozial-verlag.de

Psychosozial-Verlag

Stefano Bolognini

Verborgene Wege

Die Beziehung zwischen Analytiker und Patient

2011 · 265 Seiten · Broschur
ISBN 978-3-8379-2071-0

Eine innovative Auseinandersetzung mit den Wechselwirkungen in der therapeutischen Beziehung.

Die Beziehung zwischen Analytiker und Patient ist eines der zentralen und auch schwierigsten Themen der psychoanalytischen Theorie und Praxis. Sie ist ein komplexes Gebilde, aufgebaut auf einem empfindlichen Gleichgewicht von Distanz und Teilnahme, klarem Verstand und Gefühl, Analyse und Empathie. Abwechslungsreich und verständig beschreibt Bolognini ihre verschiedenen Arten, ihre Abläufe, Erfolge und Misserfolge anhand relevanter Theorien von Freud bis zur Gegenwart. Unkonventionell und differenziert schildert er diese besondere Beziehung zwischen zwei Menschen: eine gemeinsame Reise in weitgehend unbekannte Gefilde, bei der die Reisenden insbesondere destruktive Zustände des Geistes und des Lebens im Allgemeinen erkunden. Die zahlreichen, einfühlsam wiedergegebenen klinischen Fälle veranschaulichen die theoretischen Ausführungen und machen das Buch zu einer lebendigen Lektüre.

Walltorstr. 10 · 35390 Gießen · Tel. 0641-969978-18 · Fax 0641-969978-19
bestellung@psychosozial-verlag.de · www.psychosozial-verlag.de